高中语文教学及其多维度方法探索研究

武玉霞　著

吉林人民出版社

图书在版编目(CIP)数据

高中语文教学及其多维度方法探索研究 / 武玉霞著.
长春:吉林人民出版社, 2024.9.—ISBN 978-7-206
-21434-9

Ⅰ. G633.302

中国国家版本馆 CIP 数据核字第 2024HM3574 号

高中语文教学及其多维度方法探索研究

GAOZHONG YUWEN JIAOXUE JI QI DUOWEIDU FANGFA TANSUO YANJIU

著　　者:武玉霞
责任编辑:衣　兵
出版发行:吉林人民出版社(长春市人民大街 7548 号 邮政编码:130022)
印　　刷:唐山才智印刷有限公司
开　　本:787mm×1092mm　1/16
印　　张:9.5　　字　　数:136 千字
标准书号:ISBN 978-7-206-21434-9
版　　次:2025 年 6 月第 1 版　　印　　次:2025 年 6 月第 1 次印刷
定　　价:68.00 元

前言

语文是一门充满思想、充满人文精神、充满智慧的学科。语文教学是一项复杂的工作,它要求充分调动师生双方互动的热情,充分利用各种相关因素,乐教乐学,使教学过程向着最优化方向运转,使学生在主动参与的教学活动中得到更全面的发展。多维度教育的提出促使全新的素质教育、培养全面人才、以人为本等教育理念逐步完善。高中语文教学作为我国高中教学中的重要组成部分,是教学的重点科目,在我国人才培养中发挥着重要作用。于是,多维度教育理念的渗透也加速了我国高中语文教育内容方式的转变,直接推动了高中语文教学内容的整合。

本书共分八个章节对高中语文教学进行解读,从高中语文教学理论、高中语文有效教学研究、高中语文项目式教学研究、高中语文语感教学研究、高中语文主体参与式教学研究、高中语文合作学习教学方法、高中语文自主学习教学方法、高中语文探究学习教学方法等方面进行了深入剖析和探索,是一本实用性很强的语文教学研究著作。希望通过本书对高中语文教学的系统研究,对增强学生学习语文的兴趣、优化高中语文教师的教学方法、推进高中语文教学的健康有序发展有所裨益。

本书主要汇集了笔者在工作实践中取得的一些研究成果。在撰写过程中，笔者参阅了相关文献资料，在此，谨向其作者深表谢忱。书中难免存在一些不足和疏漏，敬请广大读者批评指正。

目录

第一章

高中语文教学理论

第一节　高中语文教学的理念

一、语文教学的终极目标

教育的使命要求教育者是一个有教育理想和教育信念的人，当前语文教育所产生的困境与教育者的精神高度不无关系。因此，语文教育工作者应该要反思我们的语文教育需要一个什么样的理想高度。

教育与社会上的许多行业不同，它既不是一种生产流水线式的机械运转，也不像企业一样以追求业绩和利润为目标。它的目标是培养人才，教育者只有明确我们的教育要把学生培养成一个什么样的人，才会有正确的教育方向。今天教育存在的种种问题，从某个方面来说，就是由于我们在教学中不足，过多考虑的是阶段的成绩，而不是人的生活与发展。这里并不否定阶段目标的重要性，而是认为在教育行业里，首先要追求和追问的应该是教育的终极目标。没有终极目标，教育的阶段目标就很可能在现实的种种语境干扰中和种种利益的权衡下迷失方向，从而脱离了正确的轨道。

教育的终极目标是什么？有人说，教育的终极目标是培养能够在未来社会生存与发展的人。但笔者认为，真正的教育不仅是让学生拥有一种生存与发展的技能，更要让其成为一个真正意义上的“人”，有鲜活的灵魂，有基本的道德，有独立的思想，有独特的人格。就语文学科而言，对成就一个“人”所起的作用，是其他学科无法比拟的。

明确教育的终极目标，有助于语文教师确立正确的教学理念。长期以来，教育的终极目标一直不曾淡出教育话题，但真正能把它作为自己的教学理念并身体力行去实践的人并不多。语文教学要突围，首先就要把教育的终极目标树立在心里，让它生根发芽、茁壮成长。这是至关重要的一步，因为教育的终极目标将决定着每一位语文教师在教育教学实践中的方向、内容和形式。

新高考改革是我国教育领域的重大变革，旨在促进学生全面发展，提高人才选拔的科学性和公平性。这实际上不是一次单纯以考试为目标的改革，而是一次以考试改革来引导教学改革的活动，有效增强了选择权，促进了个性化发展。因此我们有理由相信，提高高考语文学科分值比例，其目的应是强调语文学科的重要性。一个学科重要与否，关键表现在它对人才的培养作用上。由此不妨说，语文学科教育在培养人这方面具有重要的作用，而教育部门正视了语文学科在培养人才上的重要价值。要实现语文的价值，就必须尊重语文学科的地位，也必须尊重语文的教学规律和教育功能，这让我们对未来的语文充满期待，期盼着未来的语文教育会行进在通往终极目标的道路上。

二、语文教学的阶段目标

如果说语文教学的终极目标是一种精神指引，那么语文教学的阶段目标则是语文教师的教学使命；如果说语文教育的终极目标回答了“为何教”，那么语文教育的阶段目标则需要回答“教什么”。

高中语文要教什么，这本来不是个问题，更不应该成为教学理念问题，因为在中华人民共和国教育部制定的《普通高中语文课程标准》里已经说得非常清楚。对于《普通高中语文课程标准》，绝大部分语文教师都阅读过里面的内容，新教师甚至还接受过相关的培训，能充分领会其中精神并很好地运用到教学实践当中。通常，新教师刚到中学任教时，学校会安排一名经验丰富的教师带教，也会强调新教师要加强课程标准的理论学习，但有没有学习，就要看新教师的积极性了。在这种情况下，大多新教师对于课程标准知之甚浅。而老教师对于考试大纲的熟悉程度要远胜于课程标准。

《普通高中语文课程标准》作为一种纲领性文件，明确了高中语文教学的具体目标，语文教学只有按照课标要求，才能实现语文教育教学的基本任务。如果说一名语文教师明白语文教学的终极目标可以不让他在语文教育的道路上迷失方向，那么明白高中语文课程标准则可以让他在具体的每一步教学过程中不犯错误。

《普通高中语文课程标准》对普通高中教育的定义和解释为："普通高中教育是面向大众的、与九年义务教育相衔接的基础教育。社会的发展对我国高中教育提出了新的要求。适应时代的需要，调整课程的内容和目标，变革学习方式和评价方式，构建具有时代性、基础性和选择性的高中语文课程。"

从以上内容可以看出，普通高中语文教育是九年义务语文教育的延续与升华，而不是九年义务语文教育在形式上的重复；它是培养人能够在未来社会生存与发展的基础教育，而不是研究某个领域知识的专业教育；它要求语文教育顺应社会发展，而不是一味地沿袭传统做法；它讲究依照时代的需要去调整课程的内容和目标、变革学习方式和评价方式，而不是机械地操作某种课堂模式。构建具有时代性、基础性和选择性的高中语文课程是高中语文教学的核心目标。

一名语文教师只有厘清普通高中教育的概念，才能真正明确高中语文教学的起始点和着眼点，才能真正树立高中语文教学一切都是为了学生的发展的理念，才会明白高中语文教学绝不是纯粹教教材里的课文那么简单。

再看课程性质的表述："语文是最重要的交际工具，是人类文化的重要组成部分。工具性与人文性的统一，是语文课程的基本特点。""高中语文课程应进一步提高学生的语文素养，使学生具有较强的语文应用能力和一定的语文审美能力、探究能力，形成良好的思想道德素质和科学文化素质，为终身学习和有个性的发展奠定基础。”

“工具性”和“人文性”的课程性质决定了高中语文教学的内核，也规定了高中语文教学的方向。基于此提出学生应该具备“较强的语文应用能力”“一定的语文审美能力、探究能力”与“良好的思想道德素质和科学文化素质”也是很自然很合理的要求。一名高中语文教师如果心中有“课程性质”，就会明白一切的语文课堂教学和语文活动的归属点；如果心中没有“课程性质”，那么他的语文课堂教学就可能率性而为，最终难以抵达教育教学目标。

《普通高中语文课程标准》在介绍课程性质之后详细阐述了课程的基本理念，这里摘录其中的部分内容。“高中语文课程应帮助学生获得较为全面的语文素养，在继续发展和不断提高的过程中有效地发挥作用，以适应未来学习、生活和工作的需要。”“应增进课程内容与学生成长的联系，引导学生积极参与实践活动，学习认识自然、认识社会、认识自我、规划人生，实现本课程在促进人的全面发展方面的价值追求。”“高中语文课程，应注重应用……以适应现实生活和学生自我发展的需要。要使学生掌握语言交际的规范和基本能力，并通过语文应用让学生养成认真负责、实事求是的科学态度。”“语文具有重要的审美教育功能，高中语文课程应关注学生情感的发展，让学生受到美的熏陶，培养自觉的审美意识和高尚的审美情趣，培养审美感知和审美创造的能力。”“现代社会要求人们思想敏锐，富有探索精神和创新能力，对自然、社会和人生具有更深刻的思考和认识……应在继续提高学生观察、感受、分析、判断能力的同时，重点关注学生思考问题的深度和广度，使学生增强探究意识和兴趣，学习探究的方法，使语文学习的过程成为积极主动探索未知领域的过程。”“必须顾及学生在原有基础、自我发展方向和学习需求等方面的差异，激发学生的兴趣和潜能，增强课程的选择性，为每一个学生创设更好的学习条件和更广阔的成长空间，促进学生特长和个性的发展。”

在这些表述中，既包含了语文的终极追求目标——为培养人而服务，也强调了语文教育的现实层面意义和精神层面意义。从现实层面看，语文教育是服务于人的生活与发展的，如从语文学习中认识自然、认识自我和规划人生，从语文学习中掌握语言交际能力，从语文学习中学会独立思考问题等；从精神层面看，语文教育是服务于人的精神追求的，如从语文学习中培养审美意识、审美情趣、审美感知和审美创造力，从语文学习中掌握正确的思维方法，从语文学习中选择人生的发展方向等。可以说，《普通高中语文课程标准》中有关课程基本理念的内容阐述是值得每一名高中语文教师反复品读、揣摩直至融入自己的语文教学观念之中的。不管一名语文教师的教学观念有多么丰富，如果在他的教学思想里没有这些内容，那么他的语文教学思想必然是模糊的，如果他只是部分地拥有这些内容，那么他的语文教学思想必然是残缺的。

《普通高中语文课程标准》的第一部分对“课程设计思路”做了较为详细的说明，阅读它有助于对高中语文教学做出整体规划；第二部分是“课程目标（必修和选修）”，第三部分是“实施建议”，这两部分的内容是针对语文的教学目标、教学过程、教学内容和教学方法的，同样是语文教师研究语文教学所不可或缺的内容。

第二节　高中语文教师的素养

一、语文教师的德育功能

教师的素养首先应该是道德修养。韩愈在《师说》中所说的“传道”“授业”与“解惑”三者中，“传道”是首要的任务。虽然不同时代对“道”的理解有所不同，但其核心都是对人进行人格品质的教育，这教育既包含了为人处世的道德教育，也包含了学习方法与学生求学品质的教育。中国文学历来都有“文以载道”之说，即文章具有传授道理和弘扬精神的社会功能，如《论语》《孟子》《大学》等中国古代文化经典就对一代又一代的中国人产生过重大的影响。语文学科教学是一种思想文化传播的方式，在

“传道”方面要比其他任何学科都更具优势，同时也需要担负一份责任。教育所传之道，必然是一种正道，这就要求为师者要具备一定的道德素质。

教育是一把双刃剑，好的教育大者利国利民，让一个民族走向繁荣、富强和文明，小者让每一个接受教育的人受益，既从中获取知识能力，也形成了良好的人格品质；不好的教育大者可能会给世界、社会带来灾难，小者影响一个人的世界观、人生观和价值观的树立，直接关系到一个人的成长与发展。具体到语文阅读教学也是如此，一个人阅读了一部好书，接受了其正面的精神内核，那么书中的内容就可能成为他优质精神的种子；反之，一个人如果阅读的是一部坏书，接受了其坏思想的影响，那么可能读者会产生负面情绪。

高中生的人生观和社会观尚未完全成熟，容易受到包括文本在内的各种媒介信息和各种社会生活思潮的影响。教师要在正确的世界观、人生观和价值观的基础上，理性地分析这个世界的各种问题，并教会学生理性看待这个世界。教育是有浸染力量的，当一名教师不断在课堂上宣泄各种负面情绪时，有的学生可能会因此厌恶教师的行为，也有的学生可能因此被教师所影响，也满身负能量。因此为师者不是不能发泄自己的情感，而是绝不能在教育场合轻易发泄自己的不良情感，这是一种对学生成长的负责，也是教师职业道德的基本要求。

此外，语文教师在教学过程中太重视传授知识，而忽视了重要的“传道”工作同样是目前存在的问题。在物质很不发达的古代，孔子的教育内容尚且追求“以人为本”，教育目标首先关注的是人的道德修养，其次才关注知识的追求。

不能形成能力的知识未必能够改变一个人的命运，甚至负面的信息还可能摧毁一个人的命运。因此教育者要明白，教学只有给予学生正确的思想和有用的知识，才有可能真正改变他们的命运。一个人不能无知，更不能无耻。无知将导致人生平庸、行事蛮干、业无所成；而无耻之人则为非作歹，无所不用其极。知识与思想孰轻孰重，不言而喻。当前语文教育的目的性和短视造成的重知识积累、轻人格发展的做法，无论是对这个时代的精神还是对语文教学本身，都是一种莫大的伤害。

教育过程有时就如同塑造表情，教育的内容塑造了一个群体的表情，而一个群体的表情也大抵反映了一种教育的面目。可以说，道德教育可以让社会变得更加和谐与温馨，而和谐与温馨的社会反过来也照映出了一代教育的良心。

为抢夺分数而进行的知识传授，对语文教学本身也是一种伤害。语文学习必然接触许多经典文化和文学作品，当以一种目的性极强的方式传授语文知识时，无疑丢弃了经典文化中的精髓，甚至把经典当作文言文教学的材料，使内容成为一种表象知识，只有记忆以应对考试，灵魂并没有得到滋养。本是文学大餐、美味佳肴，嚼到嘴里却味同嚼蜡，以此教学来培养学生的语文兴趣。教育是关乎人的灵魂的，它不能没有内涵，也不应该允许杂质的存在。

陶行知曾说过："捧着一颗心来，不带半根草去，千教万教教人求真，千学万学学做真人。"当下我们的教育有些失真，失真的教育不仅是对孩子的一种不公，同时也让教育偏离了正道，让社会变得更加的复杂。

二、语文教师的专业素养

社会对教师的专业素养期望很高，许多家长都特别希望自己的孩子能够遇到一个全能型的教师，认为只要将孩子交到这样教师的手里，无论是孩子的学科学习问题还是其他品质方面的问题，都能得到全面的解决。在许多人眼中，一位优秀的教师有远大的教育理想、执着的专业追求、完备的知识体系、先进的教育理念、高超的教学艺术以及鲜明的教学风格。而一位优秀的语文教师除了有上述的特点，还必须具备诗意的人生态度、高雅的生活品位、广阔的知识视野和丰厚的文化底蕴。再具体一点，还要能朗诵、能书法、能演讲、能表演、能阅读、能鉴赏、能写作等。有这样高的期待没有错，但当下语文教师都做不到这些。理想的教师素养只能是一个标杆，是让人追求的，不是用来要求的。我们必须承认一个现实，那就是一名教师尤其是语文教师专业素养的养成，需要时间的投入、阅历的增长以及有对专业的热情和持之以恒的追求。就目前高中语文教学而言，一名语文教师要承担的任务非常多，有古诗文教学，有现代文的散文、小说、传记等文体的教学，有写作教学等。一名新教师要熟练掌握这些内容的教学，没有几年的教学经验积累，是实现不了的，这是语文教师专业成长的现实情况。面对这样的现实，高中语文教育要做两件事：一是解决教师专业成长的困境；二是明确教师专业素养的追求目标。

教师专业成长的最大困境就是语文教师承担的教学内容过于广泛，教学研究缺乏时间和精力的保证。因此，要解决教师专业成长的困境，就需要改革当前的语文教学分工，通过教学内容的分工来保障教师在完成教学任务的同时还有时间和精力进行教学研究和提升自己的专业素养。例如，高中语文教学可以让教学内容分工精细化，除了基本阅读鉴赏能力和写作表达能力是每一名教师必须具备的能力外，每一名教师可以只担任某一个文体或某个专题的教学。如一名教师只教小说文体知识，他就有可能在进行“林黛玉进贾府”教学时，深入地阅读《红楼梦》原著以及各种名家评论著作，这样既提升了自身的文学修养，也有助于深化课堂教学。如果一名教师负责所有文体和专题的教学，就很难有精力去深入研究教材文本背后的相关知识，自身的修养也没有机会得到太大提高。

高中语文教师的专业素养目标应该包含基本专业素养和人文艺术修养。语文教师的人文艺术修养是一些有志于语文教学理想的人才有可能达到的修养，如拥有乐观豁达的人生态度、高雅的生活品位、丰厚的文化积淀和高超的教学艺术等，它不是一蹴而就的，而是需要时间的洗礼、理想的执着、经验的沉淀和智慧的凝聚。如果说一个教师的人文艺术修养体现的是一名语文教育者的理想追求，那么基本专业素养则是语文教育对一名合格语文教师所提出的底线要求。可以说，基本专业素养是一名语文教师必修的素养，它是高中语文教学的基本保障。

高中语文教师的基本专业素养应该包括理论素养和能力素养两个部分。理论素养包括《普通高中语文课程标准》、语文教育学和方法论等知识以及教育学、逻辑学、心理学、美学等内容。高中语文能力素养，除了每个高中教育者应有的教学组织能力外，最基本的是阅读鉴赏能力素养和写作能力素养。

《普通高中语文课程标准》是指导高中语文教学的总纲，只有通过学习才能明确语文学科的性质，语文教学的基本理念、设计思路和课程目标。它是整个高中语文教学的总指挥，决定了语文的性质、目的和任务，也可以说，它是每一名语文教师进行语文教学的立足点。由此可见，认识高中语文课程标准是确保高中语文教育正确性的前提。在方向正确的基础上，高中语文教师还要学习语文教育学和方法论方面的知识，通过它认识语文学科的特点，把握语文教育教学规律，学习课堂教学操作方法。在语文教学理念上，语文教师要改变过去“教语文”的做法。所谓“教语文”，就是教师借助语文教材进行语文知识的教育。语文教师要在认识语文学科特点和教育教学规律的基础上，用语文独特的功能来培养人，只有让语文为培养人才服务，语文才能真正体现它的学科教育价值。

高中语文虽然是一门基础学科，但同时也是一门综合性很强的学科。成功的语文教学，仅凭文字学、语言学、阅读学和写作学等专业知识是不够的，还必须能够运用教育学、心理学、逻辑学、美学、信息论等相关学科的知识。

心理学的知识，对于语文教师而言尤为重要。其他学科的教师只需要掌握教育心理学知识，用以了解学生不同成长阶段的不同心理特征，并借助和利用这些心理特征进行更有效的教学即可。而对于语文教师来讲，除了掌握这部分知识以外，还应该掌握大众心理学，甚至哲学意义上的心理学。因为文学作品多数是通过人物的塑造来表现主题的，在阅读鉴赏过程中有大量涉及心理的内容，甚至涉及哲学意义上的内容，教师如果缺乏这方面的知识，在进行相关的阅读鉴赏时，就可能无法真正了解作品人物的精神特质，从而无法实现对作品主旨内容的准确把握。

逻辑学知识在过去的语文教学中是一直被忽视的。在大学汉语言文学教育专业中，逻辑学虽然是一门必修学科，但对学生要求并不高，学生所掌握的逻辑学知识还是相对单薄浅显的。高中语文的阅读教学和写作教学都需要有逻辑思维的介入，一个逻辑思维混乱的人，因为无法把握文本内容的逻辑，对文本的解读是难以深入的；同样，一个逻辑思维混乱的人，他的说理能力往往是比较弱的，很难写出一篇思路清晰、表达严密的文章。我们通常所说的逻辑指的是数理逻辑，也称形式逻辑。符号性很强的形式化数理逻辑对于许多大学生而言是一门非常难学的课程，且不能具体教给学生处理日常生活中的推理和论证的能力。于是，后来在欧美大学诞生了一种新的逻辑课程，即批判性思维课程。批判性思维能够教会学生在重大问题上做出相对准确、合理的判定与决策的方法。批判性思维最核心的部分是识别、评估和重构论证，可以说批判性思维是以形式逻辑思维为基础的一门课程。具体到高中写作教学中，就是教会学生处理好论据的真实性与可信度，让文章的论述说理更具有说服力。高中的语文教学需要逻辑思维的参与，但并不是让教师直接教学生数理逻辑知识，而是运用逻辑思维来进行阅读鉴赏和写作思考。因此，高中语文教师要学的逻辑知识可以是批判性思维的知识。目前，批判性思维在国外许多大学都是一门比较成熟的课程，有关批判性思维内容的书籍很多，高中语文教师应该通过阅读这方面的书籍，培养自己的批判性思维能力，然后把这种思维方法运用到教学实践中，甚至直接把逻辑思维方法教给学生，使他们的思维更加理性、严密和正确。

高中语文能力素养方面，阅读鉴赏能力与写作能力是其最重要的内容。阅读鉴赏能力的形成源自阅读量的积累和阅读技巧的掌握，只有丰富的阅读量才会积淀丰富的阅读经验，才会有广阔的阅读视野，才会有深邃的阅读思想和敏锐的阅读眼光。同时，阅读要与阅历相结合。如果说阅读所构建的是一个教师素养中的骨架与肌肉，那么阅历则是流淌在躯体里的血液。丰富的阅历不仅是知识的有机组成部分，还包括了生命最真实的体验和最深刻的智慧，这是阅读文学作品很难抵达的高度。清代文学家张潮在《幽梦影》中写道："少年读书，如隙中窥月，中年读书，如庭中望月，老年读书，如台上玩月，皆以阅历之深浅，为所得之深浅耳。"国学大师林语堂也说过："同一本书，同一读者，一时可以读出一时之味道来。"可见阅历与阅读之间关系之紧密。

阅历与阅读是相得益彰的，阅读本身就是增长阅历的一种方式，而丰富的阅历有助阅读的深入。阅历与人的生命历程有一定的关系，但并不是绝对的正比关系。一名语文教师如果涉世不深、见识肤浅，他可能无法解读深沉的文章；一名语文教师如果不关注生活和思考生活，同样无法读出文字背后的余味。阅历的来源无非两个方面：一方面是亲身体验的生活，另一方面是对世界、社会和生活的关注与思考。前者基于教师职业的特点，能够深入体验的生活相对较少；后者则是教师增长阅历的最主要方式。说到底，一名语文教师的阅历是否丰富，就看他的生活态度。一名热爱生活、关注生活的语文教师，会创造各种机会体验和实践各种生活，如在假期里选择旅游，探访自然文化与历史文化等都是十分有益的积淀；他更会关注国家社会大事和社会生活中的各类事件，并对这些事件做出思考和判断，以丰富内在的积淀和提升自己思想的敏锐性。阅历丰富的教师总是受学生欢迎的，因为他的知识丰富、见解睿智，在文本阅读鉴赏的时候，往往能够从文本中读出独特的生活意味，真正把握和挖掘作品的内涵。在写作教学的时候，他能够教会学生正确评价生活，形成独特的思考习惯。从这个层面来说，学生需要的不是一名年长的语文教师，而是一名阅历丰富的语文教师。阅读能力的提升，实际上离不开一个人的阅历，只有阅读与阅历结合起来，才能充分展示一个教师能力素养的魅力。

同时，作为一名高中语文教师，其阅读方式也是需要讲究的。一般人在阅读一些文学作品的时候，多是像欣赏影视作品一样的休闲式阅读。对于语文教师而言，可以进行休闲式的阅读，但必须进行专业式的鉴赏性阅读。所谓鉴赏性阅读，就是运用阅读技巧知识对作品进行艺术赏析的阅读，这种阅读不仅要关注文本所表达的思想内容，也要了解文本的表现技巧、语言特色和艺术风格等内容，既要挖掘文字层面之下的内涵，也要品味言语形式背后的用意。有的时候，教师除了阅读文本本身之外，还要对作品的相关评论进行研究，力求全面地把握一部文学作品的艺术概貌。

鉴赏性阅读对一个教师而言，是一种专业训练，教师通过阅读鉴赏提高对作品的认识，培养阅读技巧和方法，提升自己的艺术审美能力，为平时的语文课堂教学进行知识能力储备。

热爱写作的教师在课堂上所展示的往往不是他的声音力度，而是他的理性思想，声音不高但有条理，话语不多但有思想，语言文字的情感与理智就在他的轻描淡写之中汩汩而出，令人久久回味。

语文教师的写作能力对于写作教学尤其重要。一名不爱写作或不善于写作的语文教师教写作，就如同一个不会游泳的教练在教他人游泳一样，他掌握的只是一套方法，即使可以说清每一个动作要领和作用，却无法成为学习者的示范。相反，一名热爱写作的语文教师，自己对写作有深刻的体会，不仅能够运用写作知识、依照写作规律进行教学，还懂得体恤学生写作的艰辛，给予学生的习作更加耐心和细心的指导。

努力让自己从一名个语文教师成长为一名语文教育家，可以说是语文素养追求的一个标杆。但一个语文教师首先应该让自己成长为一名合格的语文教师。他可以不是一个诗人或作家，可以不会诵读艺术或表演艺术，甚至可以没有一手好字，但他必须具备语文教师的基本素养。他不能不知道语文是什么、语文的课程目标是什么、语文教学的基本方法是什么，他更不能不知道语文教学所需的体系知识是什么。教师的语文教学要能够符合语文学习的规律，要能够给予学生引领和示范，要能够为学生的成长负责任。一名语文教师只有在实现这一专业素养目标之后，才有权利去仰望星空，追求成为一名语文教育家的梦想。

第三节　高中语文教学规划与确定

一、高中语文课程目标的确定

关于高中语文要教什么，这是高中语文教学的核心问题。这里涉及两个概念：一是课程目标，即高中语文课程所要抵达的总体目标；二是教学内容，即高中语文为了抵达教学目标要教什么。课程目标决定教学内容，因而，要弄清“教什么”首先要明确“为何教”。

高中语文课程包含两个方面的任务：一是高中语文教育要能够为人的生存和发展服务；二是高中语文教育具体的能力培养目标。依照《普通高中语文课程标准》的课程目标要求，学生通过高中语文必修课程和选修课程的学习，应该在五个方面获得发展，即积累与整合能力、感受与鉴赏能力、思考与领悟能力、应用与拓展能力、发现与创新能力。课程目标的能力要求是高中教学内容确定的依据，整个教材的编排和所有文本的选择都是为实现培养这些能力的目标服务的。高中语文教学只有明确了课程培养目标的定位，才有教材教学内容合理准确的选择。

教学目标和教学内容的确定是高中语文教学的整体规划的基础，只有教学目标明确了，语文教学才会有正确的方向，只有教学内容确定了，语文教学才会有有效的结果。《普通高中语文课程标准》是教学的纲领性文件，它对课程目标有着明确的要求，是确定语文教学目标和教学内容的依据。语文教材是目前高中语文教学实现课程目标的依托，因此在确定教学目标和教学内容的时候，既要研究课程目标的总体要求，又要研究教材的内容安排。只有弄清二者之间的照应关系，才能明确语文教学的具体目标与内容。

《普通高中语文课程标准》的课程设计内容要求高中语文课程包括必修课程和选修课程两部分。必修课程包含“阅读与鉴赏”“表达与交流”两个方面的目标，由“语文一”至“语文五”五个模块组成，每个模块都综合体现“阅读与鉴赏”“表达与交流”的目标和内容。选修课程设计包括五个系列：一是诗歌与散文；二是小说与戏剧；三是新闻与传记；四是语言文字应用；五是文化论著研读，每个系列可设计若干模块。

语文必修教材包含了“阅读鉴赏”“表达交流”“梳理探究”和“名著导读”四大部分。“阅读鉴赏”的内容包括古代诗词阅读、文言文阅读、现代诗词阅读、散文阅读、小说阅读、论述类文本阅读（含文学理论）、戏剧阅读、演讲稿阅读、新闻阅读（含通信）、科普文阅读和报告文学阅读。“表达交流”的内容主要包括记叙文写作、议论文写作、朗诵、演讲、讨论、辩论、访谈七个部分。“梳理探究”的内容主要包括古代文化常识和语法、语言文字运用、文化寻根、影视文化、走近文学大师、文学作品个性解读等内容，其中语言文字运用包含了汉字、对联、新词、修辞、成语、交际语言、逻辑知识等内容。“名著导读”包含了《论语》《大卫·科波菲尔》《家》《巴黎圣母院》《红楼梦》《高老头》《莎士比亚戏剧》《谈美》《三国演义》《堂吉诃德》等多部涵盖古今中外的文化经典著作和著名文学作品。选修教材有《中外传记作品选读》《外国小说欣赏》《中国古代诗歌散文欣赏》《中国现代诗歌散文欣赏》《语言文字应用》《先秦诸子选读》《中国小说欣赏》《文章写作与修改》《影视名作欣赏》《中外戏剧名作欣赏》《外国诗歌散文欣赏》《演讲与辩论》《中国文化经典研读》《新闻阅读与实践》《中国民俗文化》。

从《普通高中语文课程标准》课程设计内容上看，必修课程与选修课程在内容上有对应关系，不是彼此孤立的课程。必修课程包含“阅读与鉴赏”和“表达与交流”两大目标，而选修课程中的“诗歌与散文”“小说与戏剧”“新闻与传记”“文化论著研读”这四个模块都属于“阅读与鉴赏”，是培养阅读鉴赏能力的延伸内容。选修课中的“语言文字应用”则属于“表达与交流”，是培养表达与交流能力的深化内容。从《普通高中语文课程标准》课程设计内容和教材内容的比较上看，教材内容基本上是严格依照课程标准来设计的。“阅读鉴赏”“梳理探究”和“名著导读”与《普通高中语文课程标准》中的“阅读与鉴赏”的课程要求对应；“表达交流”与《普通高中语文课程标准》中的“表达与交流”的课程要求对应。理清了这两层关系，接下来要确定的就是高中语文教学的具体知识能力目标。只有明确了具体目标，语文教师才能利用好教材，通过具体的文本教学去实现语文的教学知识能力目标。

必修课程的教学体现的就是对高中生语文基础能力培养目标的要求。在“阅读与鉴赏”方面，《普通高中语文课程标准》提出了十二条要求：①在阅读与鉴赏活动中，不断充实精神生活，完善自我人格，提升人生境界，逐步加深对个人与国家、个人与社会、个人与自然关系的思考和认识。

②发展独立阅读的能力。从整体上把握文本内容，理清思路，概括要点，理解文本所表达的思想、观点和感情。善于发现问题、提出问题，对文本能做出自己的分析判断，从不同的角度和层面进行阐发、评价和质疑。根据语境揣摩语句含义，运用所学的语文知识，帮助理解结构复杂、含义丰富的语句，体会精彩语句的表现力。③注重个性化的阅读，充分调动自己的生活经验和知识积累，在主动积极的思维和情感活动中，获得独特的感受和体验。学习探究性阅读和创造性阅读，发展想象能力、思辨能力和批判能力。④能阅读理论类、实用类、文学类等多种文本。根据不同的阅读目的，针对不同的阅读材料，灵活运用精读、略读、浏览、速读等阅读方法，提高阅读效率。⑤能用普通话流畅地朗读，恰当地表达出文本的思想感情和自己的阅读感受。⑥学习鉴赏中外文学作品，具有积极的鉴赏态度，注重审美体验，陶冶性情，涵养心灵。能感受形象，品味语言，领悟作品的丰富内涵，体会其艺术表现力，有自己的情感体验和思考。努力探索作品中蕴含的民族心理和时代精神，了解人类丰富的社会生活和情感世界。⑦在阅读鉴赏中，了解诗歌、散文、小说、戏剧等文学体裁的基本特征及主要表现手法，了解作品所涉及的有关背景材料，用于分析和理解作品。⑧学习中国古代优秀作品，体会其中蕴含的中华民族精神，为形成一定的传统文化底蕴奠定基础。学习从历史发展的角度理解古代文学的内容价值，从中汲取民族智慧；用现代观念审视作品，评价其积极意义与历史局限。⑨阅读浅易文言文，能借助注释和工具书，理解词句含义，读懂文章内容。了解并梳理常见的文言实词、文言虚词、文言句式的意义或用法，注重在阅读实践中举一反三。诵读古代诗词和文言文，背诵一定数量的名篇。⑩具有广泛的阅读兴趣，努力扩大阅读视野。学会正确、自主地选择阅读材料，读好书，读整本书，丰富自己的精神世界，提高文化品位。课外自读文学名著（五部以上）及其他读物，总量不少于150万字。⑪注重合作学习，养成互相切磋的习惯。乐于与他人交流自己的阅读鉴赏心得，展示自己的读书成果。⑫学会灵活使用常用语文工具书，能利用多种媒体搜集和处理信息。

一直以来写作教学都在进行，但教师对写作教学重要性的认识却有所不足，尤其是在议论文写作方面，没有充分发挥议论文写作教学在对学生进行批判性思维能力培养上的作用。在“表达与交流”的众多教学目标中，记叙文写作和议论文写作是高中语文教学的重点。记叙文写作教学从小学到初中一直都是写作教学的重点，因此高中记叙文写作课堂教学可以少一些，而把重心放到议论文教学上。当然，这并不意味着记叙文写作不重要，记叙文写作是一切写作的基础，文学创作首先要求的就是记叙文的写作能力，其重要性是不言而喻的。只不过长期的记叙文教学已经让学生掌握了基本的方法，到了高中，记叙文写作应该处于创造的阶段。

高中时期的记叙文教学不应该依然着眼写作技巧的教学，而应该鼓励热爱写作的学生大胆地进行创作，在追求创作的过程中，完善记叙文写作能力和提升创造能力。对于此前记叙文写作能力存在不足或者没有创作热情的学生，记叙文作文教学可以通过如续写文章结尾，改写情境、思路、体裁等，扩写情境、意境、场景、情节等，仿写句式、写法、结构、思路等方式来提高他们的记叙性语言表达能力。这些作文教学训练能够把学习与生活融合在一起，可以激发学生的表现热情和表达欲望，又能够夯实语言表达基础、提高学生的记叙文写作水平，可以说是一种朴素而有效的写作教学。

如果说高中记叙文写作教学是一种延伸与补足，那么议论文写作则是高中写作教学的新起点。议论文写作教学的核心培养目标应当是以逻辑思维和理性思维为前提的批判性思维。《普通高中语文课程标准》在“课程的基本理念”部分明确地提出“社会要求人们思想敏锐，富有探索精神和创新能力，对自然、社会和人生具有更深刻的思考和认识”和“应在继续提高学生观察、感受、分析、判断能力的同时，重点关注学生思考问题的深度和广度”的培养理念；同时在“高中语文的课程目标”部分明确提出“养成独立思考、质疑探究的习惯，增强思维的严密性、深刻性和批判性”和“在表达实践中发展形象思维和逻辑思维，发展创造性思维”的课程目标要求。无论是课程理念还是课程目标都强调了独立思考能力和创新能力的培养，而独立思考能力和创新能力的基础就是批判性思维。

在阅读鉴赏教学上，往往偏重审美追求，而不够重视独立思考能力的培养；在写作的教学中，最能体现思考能力的议论文教学陷入了伪思考能力的泥潭，只证明，不证伪、不质疑。此外，议论文写作教学脱离生活，缺乏实事求是的态度，不善于从生活现实思考问题和分析问题，往往就事论事，从而导致一叶障目，不见泰山。

那么，什么是批判性思维呢？有人是这么定义的：批判性思维是对某种观点、想法、结论进行言之有据的质疑、评估、审验，看其是否正确，辨别正误。不是不假思索地全盘接受，而是积极主动地理性思考，对其进行理解、分析、比较、核对、反思，从而做出思考性的判断。批判性思维能力有两层含义：首先，它是一种基于充分的理性和客观事实来进行理论评估与客观评价的能力，其中包含着质疑、比较、鉴别、判断的过程，即通常所说的独立思考能力。在此意义上，批判性思维能力也是独立人格的基础。其次，它具有创造性和建设性的能力，即能对一件事情给出更多可选择的解释，并能运用所获得的新知识来解决社会和个人问题。因此，批判性思维能力也是创造力的基础，我们比以往任何时候都更强调培养学生的创新能力。如果离开了批判性思维能力，创造力便是无本之木、无源之水。

培养学生的批判性思维能力是当今世界教育一致的追求目标，也应该是高中语文教学的一项重要任务，只有形成了批判性思维能力，才能形成独立人格，才能够适应社会发展的需要，才能成为一名有思考能力和处理信息能力的公民，才能成为中华民族未来发展的希望。

二、高中语文教学内容的规划

课程目标要求明确了，那么教材的内容是否能够满足课程目标的要求呢？通过课程目标要求与教材内容对照，我们不难发现，除了前面提到的同一文体的教学文本分散在不同模块里，不利于构建完整的文体知识框架之外，还存在着四个突出的问题：一是“阅读与鉴赏”选文的数量、质量问题和教学重点的问题；二是“表达与交流”教学内容的有效性指导问题;三是“梳理探究”知识内容零散的问题;四是“名著导读”的教学适用性的问题。

先谈谈“阅读与鉴赏”选文的数量问题。这一部分以有限的文本篇数实现每个文体教学的目标,再加上同一必修模块中存在各种文体和其他教学内容,阅读鉴赏的教学过程变成了一个不断切换文体内容的教学过程,对于某一种文体的教学而言,是一个断断续续的过程。不难想象,如果高中语文教材内容没有进行必要的整合与补充,那么高中语文各种文体的教学必然是浅显而不完整的。如果高中语文教学没有对每一个文体内容进行整体性规划,那么整个高中语文教学过程必然是杂乱和无序的。当然,除了文本数量问题,文本质量也是需要关注的,如教材中所选择的文本是不是都具有一定的代表性,所选的文本能否相对全面地覆盖一个文体的知识点,是否能够很好地为实现教学目标服务。因此,在确定“阅读与鉴赏”教学内容的时候,既要考虑文本的数量问题,也要考虑文本的质量问题。

再谈谈“阅读与鉴赏”的教学重点问题。所谓教学重点问题,是指语文教师在面对《普通高中语文课程标准》的种种能力要求时,在有限的教学时间里,是无法全面而彻底地实现目标的,在这种情况下,语文教学就应当有所侧重、有所倾斜。正如人类不能离开现实世界去谈论理想一样,不管高中的语文梦多绚丽美好,它都必须根植现实大地,只有正视现实的语文教学才是有实践意义的语文教学。高中语文教学必须正视语文教学所能拥有的时间,包含课堂时间和课后时间。只要有过高中语文教学经验的教师都知道,要在课堂教学中落实好课程标准中每一项能力培养目标几乎是一件不可能的事。因此,对于“阅读与鉴赏”中的各类文体的教学,就必须区别对待。那么,哪一些内容必须重点学习,哪一些内容可以让学生自学,也就成为高中语文教学需要确定的一项内容。

从语文素养的培养上看,语文教学如果无视高中生学习语文的现实目的,而按照自己的语文理想进行教学,那么高中的语文教学必然很难被大部分学生重视,这样的语文教学同样是会出问题的。因此,在强调培养学生的语文素养时，还必须重视高中语文学习在高考中的需求。

有限的教学时间让语文教学必须做出轻重取舍，现实的目的让语文教学必须做出现实的选择。高考的许多能力要求与课程目标并不完全冲突，甚至在很大程度上是相符合的。语文教学的重点放在哪里？很显然，就是课程目标的能力培养要求与高考能力考查要求重叠的部分。把高考的能力要求和阅读鉴赏教学的目标有机地结合起来，可以说是一种对学生负责任的做法，也是对阅读鉴赏教学重点内容的一个合理的确定。

“表达与交流”部分虽然观照到了各种写作表达能力，并重点突出了记叙文与议论文写作能力的培养，但从教材的编写情况来看，写作指导内容还是略显单薄，缺乏更具借鉴意义的范文，基础写作技法指导不够清晰，议论文的写作指导还存在偏向论证思维指导而不是分析说理指导的问题，学生很难直接通过学习教材内容而获得基本写作能力。和“阅读与鉴赏”的教学内容一样，教师在进行课堂教学时，还必须对教材进行一番创作，才能形成有效的教案。我们并不反对教师对教材的再创作，但好的教材应该是可以让教师明确基本教学目标和基本教学方法的，是能够让学生通过自学而获取相应的知识的。

“梳理探究”部分虽然内容丰富多彩，但缺乏体系性。语文教材所选的内容是不错的，都是一些让学生有兴趣阅读的内容，但这些内容似乎只是教材的一种点缀，对学生的学习帮助不大，达不到良好的教学效果。知识板块的跳跃性是语文教材的一大特色，前面的“阅读鉴赏”部分的内容编排也是如此，成了教师教学和学生学习的硬伤。教材内容有趣活泼、吸引读者固然重要，但教材有其自身的功能和使命，那就是要为学生的学习服务，合理的教材编排应更有助于学生学习。如果能把有关文言文的知识内容和文学常识放在必修一中用以指导学生自读文言文，如果能把标点、语法、修辞、思维方式和作品个性解读等内容放在必修二中用以指导学生的阅读和写作，如果能把寻根文化、影视文化和走近文学大师等内容放在必修三中用以拓宽学生的视野，如果能把美学知识、逻辑知识、心理学知识和文艺理论知识等内容放在必修四中用以提升学生的语文素养，如果能把汉字、词语、成语、对联、交际语言运用、语言形式转换等内容放在必修五中用以配合高考考点知识的学习，那么，它对学生的帮助是不是更有针对性和有效性呢？能有效帮助学生学习的教材才是最好的教材，这也是教材内容确定的依据。

“名著导读”部分的内容过于单薄。所谓导读，不应该只是一个内容梗概式的介绍，而应该是能引起学生的阅读兴趣和教给学生一定的阅读方法。比如有部分读者喜欢上《红楼梦》《三国演义》等文学作品是因为看过《百家讲坛》后，对红学家周汝昌、刘心武等人在《百家讲坛上》讲“红楼”后爱上这些“名著”，可以说这些讲坛就是对名著的一种导读，它能够真正吸引读者去阅读原著，并在阅读中进行思考。教材若能从这些讲座内容中选取一些篇章来作为名著的导读内容，其产生的作用绝对强于单纯的故事梗概。此外，各省市高考对于名著考查内容要求不太一致，基于考试的现实性，教师在教学时对于教材中的导读内容应该有所取舍和补充，优先考虑与高考有关的名著导读内容。总之，名著导读不仅要做到导读内容的确定，还要做到导读篇目的确定。

总而言之，一部好教材必须有利于学生的“学”和教师的“教”。为学生的“学”服务应该是首位的，它要求在教材中有明确的学习目标和有品质保证的学习内容，同时还要提供行之有效的学习方法和思路，其目标就是能够让学生自行学习。教材还要能很好地服务于教师的“教”，教材从某种意义上说是一部带有规范性的教学和学习材料，如果教材编写的目标不明确，完全靠教师的自我发挥进行二度开发，这样的教学结果是一件很值得怀疑的事情。

对于选修教材的定位，《普通高中语文课程标准》有这样的表述：高中语文课程应遵循共同基础与多样选择相统一的原则，精选学习内容，变革学习方式，使全体学生都获得必需的语文素养；同时，必须顾及学生在原有基础、自我发展方向和学习需求等方面的差异，激发学生的兴趣和潜能，增强课程的选择性，为每一个学生创设更好的学习条件和更广阔的成长空间，促进学生特长和个性的发展。高中语文课程必须体现时代性、基础性和选择性，既要在义务教育的基础上，使学生的语文素养普遍获得提高，又要为具有不同需求的学生提供更广阔的发展空间。因此，需要建设一个新的高中语文课程结构体系和实施机制。选修课程也应该体现基础性，但更应该致力于让学生有选择地学习，促进学生有个性地发展。

所谓选修，是指学生从指定可以自由选择的科目中，选定自己要学习的科目。如果说必修的主导价值在于培养和发展学生的共性，使学生获得基本的语文知识能力，为进一步学习语文打好基础；那么选修的主导价值就在于满足学生的个体兴趣、爱好，给予学生选择学习的机会，为培养和发展学生的个性做铺垫。必修课程突出了语文教学的基础性，选修课程则体现了基础课程的升华；必修课程代表全体高中学生的共性追求，选修课程代表学生个体的个性发展。选修课程的价值在《普通高中语文课程标准》中的表述可以说是十分清晰的，这也正是选修课开设的真正价值意义所在。

第二章

高中语文有效教学研究

第一节　有效教学与语文教学系统

一、有效教学的含义

教学是指以课程内容为主要交流内容的师生双方的互动行为。在课堂活动中，教师和学生都是不可或缺的活动主体，也是有效教学顺利开展的基础元素。有效教学与单纯的教学活动有所差别，有效教学是教师调动学生的学习兴趣，促进学生积极认知和主动探究知识的教学活动。也就是说，有效教学是普通教学活动的“升级版”，是提高教学效果最重要的“武器”。因此，教师应该结合语文课堂教学，积极推进有效教学在课堂教学中的实施。

有效教学是指师生遵循教学活动的客观规律，以最优化的速度、效益和效率促进学生在知识与技能、过程与方法、情感态度与价值观上获得整合、协调、可持续的进步与发展，从而有效地实现预期的教学目标，满足社会和个人的教育价值需求的教学活动。这一定义主要有三层含义。

第一，有效教学的评价标准是学生的学习效果。教学是否有效，关键看学生取得了怎样的进步和发展，看有多少学生在最大限度上实现了有效学习，以及是否激发了学生继续学习的动力。

第二，有效教学的基本内涵是实现教学的三维目标。课堂是否有效，要看学生在教师的引导下在知识与技能、过程与方法、情感态度与价值观的三维目标上是否获得了全面、可持续的进步与发展。

第三，学生的进步与发展是通过合规律、有效果、有效益、有效率的教学获得的。课堂教学是否有效，既要考查课堂教学目标的合理有效性及其实现程度，又要看这种教学目标是以怎样的方式实现的。

这里所讨论的有效教学，侧重教学行为的范畴。所谓有效，侧重指单位时间内学生素养在课程标准意义上取得的发展与进步。也就是说，有效的语文课堂教学是有一定衡量指标的。具体包括三个方面。

第一，关注学生的进步和发展。教师目中有“人”，教学有对象意识，能因材施教，有“全人”概念，教学旨在努力促进学生科学素养和人文素养的和谐发展。

第二，关注教学效益。教学有时间与效益的观念，教学目标尽可能具体明确，力求能够检测学生的学习效果，并以此体现教学效益的优劣。同时，反对简单量化和过度量化，因为这种教学方式容易起到适得其反的教学效果，使学生心生厌烦。

第三，关注教师的问题意识和反思品质。教师应在教学过程中持续思考“什么因素是学生素养形成最基础的因素”“什么样的教学是最有效的教学”“同一教学内容的处理在众多的选择中是否有最佳路径”等教学自检问题，以对新课程背景下的语文教学形成基本的准备、实施、评价策略。

语文有效教学并不是一句空洞的口号，而是结合大量语文教师日常教学进行的教学总结和思考概括出来的。适用于绝大多数语文课堂教学的教学效果提升手段主要是从不同的教学阶段入手，结合有效的教学手段进行教学，主张以“各个击破”的教学理念面对不同的教学阶段，使学生无论在哪个语文学习阶段，都可以积极参与课堂学习，并从中获得足够的语文知识。

二、语文教学系统

语文教学系统是整个高中教育系统中的一个分支，也是其重要的子系统。同时，语文教学系统与其他教学系统一样，都是为了实现教学目的，由多种教学手段和教学要素有机结合而成的富有教学功能的整体。可以说，有效教学系统存在的方向主要基于三个方面，分别是教师、学生和语文教材，语文教学系统的探究需要从这三个方面进行详细阐述。

（一）教师

教师作为教学系统中的指导者与组织者，承担着最为主要的教学任务。同时，有效教学系统构建主要依赖教师来进行架构和设置。依据教师的日常教学活动，教师教育层面的有效教学系统主要包括设定教学目标、规划教学活动、查找教学材料、组织教学活动、进行教学评价五个方面。也就是说，教师的教学系统原理主要围绕着语文教学任务展开。

教学目标是开展有效教学的根本出发点。在语文教学过程中，教师首先应该明确本课的教学目标是什么，即这篇课文的教学目的是什么。同时，教学目标还是提升语文教学有效性的重要基础，因为只有有了明确的教学目标，教师才能在达成这一教学目标的过程中积极进行教学尝试，通过不同的教学手段来实现教学目标，提升教学质量。

教学活动的规划主要是指教师通过实际课堂上的教学方法规划、学习环节规划、教学活动规划来进行教学预演。教学活动的安排不仅要围绕着教学内容积极展开，还需要以学生的课堂接受程度作为最主要的考核标准。教师需要在教学前进行教学资料的查找和收集，将可利用的教学资料进行整合，并将这些教学资料应用在后续的教学活动组织过程中。

教学评价对于有效教学系统的构建是十分重要的，也是语文教学系统中容易被忽视的一个环节。教学评价是教师帮助学生建立学习自信、了解学生在学习中遇到的问题、帮助学生解决知识难点的有效方式。因此，教师应该善用教学评价，并在教学评价环节中积极推进师生互动，使学生充分把握这一环节，解决遗留的语文学习问题。

（二）学生

学生既是语文教学过程中的主体之一，也是有效教学的配合者和受众。现代语文教育主张“以生为本”，也就是将学生的发展作为教学的出发点，以提高学生的语文综合素养为最主要的教学培养方向。学生在有效教学系统构建过程中的重要作用主要体现在三个方面：一是体现在预习过程中；二是体现在教学练习过程中；三是体现在复习与学习效果反馈过程中。

在预习过程中，学生会在课下通过各种获取信息的渠道，对语文知识的背景故事、作者的创作目的、语文课文的思想感情等方面进行充分的了解和认识，并将预习中获得的语文知识应用到实际课堂学习过程中，反作用于教师的教学系统，使教师的教学效果大幅提升。

在语文练习过程中，学生需要练习教师在课堂上讲述的语文知识，并在练习过程中完成对知识的掌握和检验。知识练习过程不仅可以提高学生对知识的掌握能力，还可以帮助学生完成学习过程的查漏补缺。因此，练习过程是教学系统的有效补充，可以大幅提升语文课堂的教学效果。

在语文复习过程中，学生可以借助教师提供的复习方式与内容，积极发现自己在学习过程中存在的知识漏洞与基础知识的欠缺之处。同时，复习课可以转变学生对语文复习的看法，帮助学生改善原来的不科学的学习方法，使学生更自信地参与复习课的全过程，最终形成师生互动、生生互动的良好氛围，并且可以对学生已学的语文知识起到一定的修正、巩固作用，有利于培养学生的质疑精神和创新意识。学生在掌握分析问题和解决问题的方法后能自主总结规律，提高自己的学习能力，最终形成终身受益的语文素养。

综上所述，学生对于构建高中语文有效教学系统有着重要的推动作用，同时学生的学习效果也会在有效教学系统的构建过程中得到提高。

（三）语文教材

语文教材是构建有效教学系统的核心，也是语文教育中不可或缺的内容。语文课本是教师和学生进行教和学的载体。高中语文课本的各个板块，在编排结构和编排内容方面都凸显了“以生为本”这一教学理念。面对高中语文教学中教学方式较为混乱、教学有效性低下的局面，“立足课本，稳扎稳打”的教学策略能够指导语文教师充分利用课本资源，充分发挥语文教材的作用，实现师生课堂互动的良性循环，促进学生语文学习能力与应用能力的共同提高。“立足课本，稳扎稳打”是指充分利用课本资源，在扎实掌握课本知识的基础上适量扩充课外阅读内容，而并非对课外阅读的淡化。教师应指导学生将课内学习的读写结合技巧运用到课外阅读中，从而提高学生课外阅读的效率和读写综合能力。

语文教材是教育部精挑细选的文章汇总，因此，教师应该积极利用语文课本中的文章，将系统化的教学方式应用在语文教学过程中，这样不仅可以提高学生的语文学习效果和学习能力，还能构建有效的语文教学系统。同时，教师可以在语文教材的基础上，寻找更多的教育资源，并以此深化语文教学系统的使用，从而建立更加完善的语文教学系统，使语文教学系统的教学效果更加明显。

第二节　有效教学的基本策略

无论是语文课堂教学还是其他学科课堂教学，都需要教师结合各种教学资源来帮助学生完成知识的学习和提高综合能力。语文教师只有在教学过程中积极实践有效教学的基本策略，才能不断提高语文课堂的教学质量，帮助学生培养学习兴趣和养成良好的语文学习习惯。

一、以生为本

“以生为本”是教育的出发点，也是教师进行语文教育的根本方向。也就是说，教师的教学活动必须以学生为最重要的考虑对象，无论是教学内容、教学节奏还是教学方法，都需要围绕学生展开，并以学生的知识接受程度和学习效果作为最主要的教学有效性的考查方向。同时，“以生为本”还需要教师在语文教学的过程中关注学生的学习体验，积极处理学生的学习反馈，并及时将学生在学习过程中遇到的问题和重难点知识进行细化和梳理，帮助学生顺利完成语文知识的学习。

“以生为本”就是以学生对语文课程的理解作为最基本的授课目的，

教师在课堂上讲述的一切内容都需要以提高学生的语文素养为前提，并使用丰富多样的教学手段和方式来提高学生对语文知识的接受程度。

二、注重课堂

课堂上积极有效的师生言语互动，有利于达成多维立体教学目标，并促进师生共同发展。课堂教学中，教师要以学生为主体，使学生积极参与课堂言语互动行为，促进学生的全面发展。课堂教学作为学校教育教学的中心环节和最基本的组织形式，直接影响着学生的成长与发展。而言语行为是课堂教学的主要方式，对学生知识的掌握与能力的培养起到了促进作用。师生双方有效的言语互动能够培养学生的思维，激发学生的兴趣，引导学生主动建构知识体系。

课堂是语文教学的主战场，也是学生提高语文学习能力的最主要的学习地点。如果把语文学习比作一场登山运动，那么语文课堂教学就是学生攀上文学顶峰的必经之路。课堂教学不仅可以帮助学生掌握语文知识的学习方法，还可以建立学生的语文学习系统，同时可以促进师生互动和生生互动，使学生不仅可以在课堂学习过程中收获语文知识，还可以在交流过程中收获新鲜的观点与看法，这对于提高学生的综合文学素养、拓宽学生的眼界都能起到积极作用。因此，在语文课堂教学过程中，教师应该从教学内容、课堂氛围和师生互动三个方面进行课堂教学安排。有很多教师着重将教学注意力放在课堂内容安排上，而忽略了师生互动环节的课堂安排。这其实是不妥的，因为课堂内容的安排属于知识性的内容安排，而课堂氛围和师生互动则是学习情感方面的内容安排，学生只有在良好的师生互动中感受到和谐的课堂氛围，进而积极参与课堂教学内容的学习过程，才能取得良好的学习效果。

(一)把握教材重点

在高中语文教学过程中，教师必须结合最新的课程标准来综合把握语文教材中的重点知识，并在教学过程中有的放矢，重点讲述课本中的重难点知识，对于较为简单的知识可以一带而过或减少教学时间。对于教材的充分把握可以帮助教师开展有效课堂教学活动，使教师的“教”和学生的“学”都可以收获较好的效果。

高中语文教材中的重点主要是字词、古代文学重点语句或段落、现当代文学主旨把握，这三个方面都是语文教材中的重点知识，也是需要教师在课堂教学过程中重点讲解的学习内容。如果教师在语文课堂上注重培养学生这三个方面的知识掌握能力，对于构建有效教学系统是十分有利的。

首先，字词是语文学习的基础，也是高中学习阶段容易被学生忽略的基础知识。很多学生往往认为，经过多年的学习积累，自己对于字词等基础知识的掌握已经相当牢靠，殊不知正是由于这样的心态才导致考试过程中基础题的错误。将字词等知识作为语文学习的重点，并不是因为难度，而是因为重要性。字词类知识不仅是语文学习的基础，也是考试过程中基础题的出题方向。

其次，古代文学重点语句或段落是高中语文教材中的重点之一，因此在教学过程中，教师往往会要求学生背诵古文段落或全篇文章。实际上教师应该帮助学生明白重点语句的含义，了解古文创作的时代背景和作者生平，从而在理解的基础上进行古文记忆。古代文学知识的获取对于培养学生的语文综合素养是十分重要的，也是高中语文有效教学系统构建过程中的重要组成部分。

最后，现当代文学不像古代文学那般晦涩、难懂，是学生易于接受的学习内容。教师应该注重培养学生寻找文章主旨和作者创作目的的学习能力，帮助学生通过阅读全文、寻找重点语句和段落等方式来提升自己的文章主旨总结能力，并在后续的语文学习或应试过程中，积极运用自己的总结能力。

（二）良好的课堂氛围

良好的课堂氛围是提高语文课堂教学效果的保障，也是提高学生课堂参与度的重要教学环境。良好的课堂氛围可以促进学生积极参与和用心学习。良好课堂氛围的构建离不开教师良好的教学心态和丰富多样的教学活动。

语文教师作为教学的引导者、组织者，理应承担营造良好课堂氛围的重任。教师在教学过程中，必须充分考虑从教学设计到教学结束的整个过程，从而营造良好的课堂氛围。要使教学设计更为合理、教学效果更加明显，教师需要在教学过程中秉持积极的教学心态。积极的教学心态不仅包括和蔼可亲的教学态度，还包括在教学过程中全身心的投入状态。因为在实际教学过程中，学生十分容易被教师的课堂教学态度影响，如果教师的态度和蔼可亲，学生会受到积极的影响，在接下来的学习过程中积极参与、用心思考；如果教师将生活中的不良情绪带入语文课堂教学中，那么学生就很容易受到教师不良情绪的影响，不能集中注意力去听讲，并逃避教师的不良情绪。因此，教师需要在教学过程中以专业的态度对待教学工作，以积极的心态进行语文教学，并帮助学生在学习过程中同步建立良好的学习心态。

教师应该结合教学实际，开展多种有效的教学活动，逐步培养学生参与的热情。根据这一理念，教师应主要从形式与内容两个方面来思考如何设置有效的教学活动。有效的教学活动从形式上来讲，新颖的形式，能让学生眼前一亮，能够吸引学生参与活动；从内容上来讲，丰富的内容，使学生能够依据自身情况积极参与，并主动投入语文知识的学习过程中。同时，教学活动的开展不仅要结合课堂教学内容，还要针对学生的兴趣点来不断进行丰富。

教学活动的实施并不是一成不变的，其形式多样、内容丰富，可谓教师开展教学的有力帮手，也是提高学生学习兴趣的有力武器。教师应该在语文教学过程中，积极将课堂教学与教学活动相结合，使学生在趣味横生的课堂活动中吸收语文知识，并激发学习兴趣。

（三）和谐的师生互动

师生之间进行言语互动交流是课堂上师生进行交往的主要形式。师生言语互动的深度和广度直接影响教学效果的好坏。课堂上知识的传递、情感的表达、教学目标的达成都离不开师生之间积极的言语互动，教师的引导、学生主体性的发挥都依靠言语交流来实现。因此，提高师生言语互动的质量对提高课堂效率、促进学生的全面发展、培养学生的核心素养起到至关重要的作用。

1.师生的言语互动能够激发学生的学习兴趣

教育心理学指出，学生自觉学习的动力是靠学习兴趣来维持的。师生言语互动的意义在于构建良好的教学互动氛围，促使学生主动自发地参与学习、探究、知识建构，形成学习的内驱力。有了兴趣，学生可以更加积极主动地与教师进行言语互动，促进师生关系的和谐发展。同时，和谐融洽的师生关系也能最大限度地激发学生的学习兴趣，形成良性循环。对于较为枯燥教学内容，教师可以通过言语互动为课堂注入活力，将学科知识的奥秘与特点展现给学生，引导学生专注地对新知识进行思考；将枯燥的知识转变为生动的内容，激发学生学习探究的欲望；通过游戏与真实情境，让学生融入课堂；采用独特的教学方式，用艺术性的语言调动学生的积极性，维持学生的学习兴趣与热度。

2.师生的言语互动可以提高教学质量

课堂教学是以学生为主体，强调以学生的“学”为主的学习活动。和谐的师生互动可以改变传统的以教师的“教”为主的教学模式，尊重学生的主体地位，变被动学习为主动学习，使学生真正成为学习的主人。在教师有效的言语引导下，学生可以自我建构新知识，教师只是担当指导者和引导者的角色，为学生答疑解惑，使学生掌握良好的学习策略。教师把课堂真正地还给学生，并且创设一种良好的、和谐的课堂学习氛围，在这样的课堂氛围影响下，学生的潜能可以得到最大程度的开发。在发展学生的知识与技能的同时，语文课堂的教学质量也会得到显著提高。

三、选择恰当的教学模式

教学模式是指在一定的教学思想和教学理论的指导下建立起来的多种类型教学活动的基本结构或框架。教学模式的选择直接影响教师的授课方式以及学生的课堂接受程度。因此，教师在选择教学模式时，必须紧密结合语文课程，并将学生的接受程度作为重要考量对象。

（一）传递—接受式

传递—接受式教学模式是最基础与最为传统的教学模式，也是应用最为广泛的教学模式。它不受教学内容的影响，适用于各种语文文体教学，可以在各个语文学习阶段使用。

（二）自学—辅导式

自学—辅导式教学模式是学生在教师的指导下，结合正确的学习方式进行独立思考、自主学习的教学模式。这种教学模式可以充分调动学生的学习自主性，使学生积极投入语文知识的学习过程中。自学—辅导式教学模式的主要教学程序是学生自学—集体讨论—教师启发—学生反思—总结练习。在自学—辅导式教学模式下，学生可以自主进行知识探究，并通过语文课本中的文章进行知识梳理和学习。这种教学模式可以将教师的教育权利下放到学生身上，使每一位学生都可以充当自己的老师，也可以使学生的思维方法在小组讨论的过程中得到完善。

（三）探究式

探究式教学是学生在教师设置的情境中，并在教师的指导下，积极主动地探索问题，进而获得新知识的一种教学模式。学生通过参与探究活动，可以自主获得知识与技能，培养创新能力，提升综合素质。探究式教学模式能弥补传统教学模式的不足，在提升学生综合素质方面起到促进作用。

第三章 高中语文项目式教学研究

第一节 项目式教学与语文项目式教学

一、项目式教学

项目式教学是一种建构主义理念下的以学生为中心的教学方式。项目式教学主张学生通过小组合作方式,解决一个真实世界中复杂的、具有挑战性的问题,或完成一项源自真实世界经验且需要深度思考的任务。在解决问题或完成任务的过程中,学生精心设计项目作品,规划和实施项目任务,进而逐步习得包括知识、可迁移技能、高级思维能力、关键品格等在内的核心素养。项目式教学将基于知识传授的传统教学转变为专注于项目完成、职业体验和解决问题的多维交互式教学。传统的课堂教学活动主要由教师主导,学习对象及学习媒体为教科书,学习内容和形式单调,学习环境固化,学习过程同步,无法满足学生的个性化发展需求。而项目式教学通过调整教学内容、改善教学环境、优化教学模式、改革评价方式使学生能够充分发挥创造性思维,最终取得良好的教学效果。

项目式教学包括内容、活动、情境和结果四个要素。

(一)内容

内容主要是指项目的主题选择和学习目标,它是现实生活中的实际问题与课程标准的结合。在教学设计过程中,教师一般以学科的基本概念和原理为中心，选取聚焦学科概念、体现学科素养和关键能力的教学主题进行分析，诊断出学生的已知点、障碍点和发展点，找到该主题对学生素养发展和能力提升的功能价值与教学要求，然后对学科内容按照专题进行整合，整体规划项目目标。一般而言，基于项目的学习是从查阅资料开始的，有些项目需要进行深入的调查研究。因此，在实施该项目之前，教师需要根据项目式教学内容、学生现有的能力和经验、学时的安排及自身能力来确定项目的范围。

（二）活动

不同主题的项目，其目标和活动的主体也不同，因此教师需要在具体分析的基础上确定活动单元、活动任务及评价方案。项目活动的安排强调三个"完整"，具体如下：

首先，教师应引导并要求学生经历事情的完整过程，在实践中体验项目的意义和价值，并产生取得项目成果的强烈愿望。

其次，教师应指导并要求学生完整地研读学习内容，从而完成项目或学习任务并解决核心问题。学生在小组互助学习、合作交流的基础上，形成总体的展示思路和展示内容，然后进入展示环节。

最后，教师要特别强调学生就某一话题、某一成果或某一任务进行整体性展示，避免教学过程中的碎片化展示或师生间的问答式教学。

与传统的教学活动相比，项目活动更加复杂，更具挑战性，更有利于培养学生应对挑战的能力。

（三）情境

教师开展项目式教学时，应创设一个适合探究的情境，以充分调动学生的求知欲，激发学生的好奇心，并吸引学生参与到教学活动中。好的情境是由真实问题或任务驱动的，并允许使用各种学习资源和工具来支持学生的学习。好的问题情境还可以长期维持学生的学习兴趣和学习热情，从而促进学生的深度学习。

(四)结果

项目式教学的结果以作品的形式呈现。每个项目都有明确的学习目标,完成项目活动后,学生需要掌握相关知识并发展某些技能。项目式教学通过项目作品展示学生的学习结果,作品形式可以是实物、模型、报告、论文、设计方案、艺术品等。项目作品是检验学生在项目学习中所获得的知识与技能的评价依据。

二、语文项目式教学

(一)语文项目式教学的内涵

项目式教学运用到语文教学中,就是以课程标准为依据,基于语文核心知识、核心概念、关键能力、必备品格统整学习内容,形成学习项目(或学习主题、专题、综合性学习活动)。教师应设计与学生现实生活相关联的问题情境和挑战性任务,引导学生选择和利用最优化的学习资源及混合式学习环境,为学生提供学习支架,开展以阅读与鉴赏、表达与交流、梳理与探究等为重点的语文实践活动,在解决问题、建构项目"产品"的过程中,使学生获得可迁移的语文知识和能力,从而提升语文学科核心素养。项目式教学法凸显了对学生问题意识、创新理念、实践能力等核心素养的培养。项目式教学所倡导的学习理念,可以帮助学生学会认知、学会做事、学会共同生活、学会生存,是落实素质教育、培养新时代需要的创新型人才的重要途径。

(二)语文项目式教学的特点

项目式教学以项目的形式把与社会实际生活相关的内容融入国家基础课程,并使学生通过项目小组的形式参与到学习活动中。相较于传统的学习方式,语文项目式教学具有以下四个鲜明特点。

1.学习项目的学科性

语文项目式教学不是单纯的教学活动,而是建构语文知识、形成语文能力、发展语文素养的载体。项目活动是为了探究项目背后的学科价值与意义，它指向的是学生听、说、读、写、看等能力的提升。教师在设计项目时，要思考项目的设计与语文的关系。语文项目设计必须注意项目内容与语言文字运用的有机结合。语文项目式教学应该让学生知道能够用语言文字做什么，即学生在语文方面应该达到的知识与能力目标要清晰。梳理语文知识体系、语言的比较与鉴赏、辩证客观的评价、恰当的表达等语文项目目标的设立，要落实在语文学科核心知识和核心概念之上。

2. 学习项目任务情境的真实性

项目式教学需要创设基于真实生活的情境，激发学生参与学习的兴趣和热情，引导学生去解决现实生活中的问题，打通学习和生活的通道，真正实现学习的价值。只有问题能够反映现实生活，能够激发学生学习的内在动力。教师在设计语文项目式教学的任务时，要尊重语文学习规律，关注日新月异的现实生活，通过具体而有效的任务，引导学生在实践中建立起语文学科知识与生活情境的联系，在学习体验中建构新的知识和能力体系。项目式教学的教学内容和学习方式是高度综合性的，学科知识不是终点，也不是最终目的。在学习体验中，学生将学科结构转化成认知结构，在学习反思和迁移中，重建知识产生的情境任务，通过学习活动建立和生活的言语关联，在不断地重建中发展语文核心素养。

项目式教学不像传统教学那样先学习知识再解决问题，而是一种以学生为主体，以专业领域内的各种问题为学习起点，以项目主要问题为核心规划学习内容，让学生围绕项目来寻求解决方案的学习方式。因此，项目式教学以有价值的项目问题为驱动设计课堂的问题链，目的是了解或者解决来自社会生活中的问题。项目式教学中，学生研究的问题是教师从学生的经验出发，并基于真实生活情境提炼出来的。需要注意的是，这些问题一定要具有开放性，这样才能驱动学生思考、研讨。具有开放性的实践可以增强学生对语文知识和现实生活的联系的认识，增强学生利用学科知识解决真实生活问题的能力。

项目式教学是在真实情境中探究真实问题，其内容多数源于教材、社会热点或生活常识。由于筛选的项目接近学生的社会生活和日常生活，学生的自主学习能力和合作学习能力可以得到充分展示。

3. 学习过程的协作性

教师制定好项目目标后，要针对真实情境下的驱动问题，精准且有梯度地设计教学环节和学生活动任务。从确立项目活动小组，确定师生之间、生生之间的任务分工，到活动小组设计活动方案、寻找资源探究问题，再到最后的成果展示、交流分享，在这个过程中师生之间、生生之间共学共创，协同合作，建立起一种项目团队的共生关系。

在项目式教学的过程中，教师原有的职责仍然存在，同时又是项目目标的主要确定者、教学项目的主要设计者和项目实施的规划者，负责创设问题情境和挑战性任务，推动项目开展。活动小组为完成学习任务及解决某一核心问题而完整地研读学习内容，并设计活动方案。学生通过系列活动，完成访谈纪要、调查报告、舞台剧、文创产品等项目产品。这种多层次、多角度、合作化的学习形式为学生构建了动态的、开放的、交互性的学习环境。在这个过程中，学生必须分工合作、规划安排、落实检查、根据实际情况进行调整，形成一个完整的协作过程。而在项目实施过程中，教师要根据项目的进程、学生的表现，适时调整、优化教学计划和项目要素，还要针对学生问题，及时提供学习支架，做学生学习的协作者、指导者，帮助学生顺利完成项目。

展示环节是体现学生深度学习和深度思考的重要活动内容。小组成员在互助学习、合作交流的基础上形成整体的展示思路、展示内容、展示环节，从而达到对人文底蕴和科学精神的进一步培养与升华的目的。在项目的最后阶段，教师要对项目小组完成情况做出评价，并及时查缺补漏，优化提升，帮助学生实现能力迁移。项目式教学的最终成果涉及一个产品、一份报告或实际作品的设计和发展的过程，教师不是简单地布置任务让学生自主自由应对，而是需要遵循从扶到放、有扶有放、扶放有度的原则，与学生共同规划，经历从确立目标、明确任务，到组建项目团队、提出挑战性问题、分配或者寻找资源、分析比较解决方案，直至完成最终产品或者成果、分享交流展示、反思总结提高的完整过程。

4. 学习成果的自主性和建构性

语文项目式教学强调以学生发展为中心，从人的发展的广阔角度看待语文教学所面临的问题及教育的作用。它改变了传统课堂过于注重知识传授的倾向，强调学生应形成积极主动的学习态度，学生由被动接受知识变为主动建构知识，而教师则是项目实施中的合作者和促进者。在项目式教学中，学生以小组合作为主，可以通过查阅书籍、互联网检索、实践活动等多种方式获取学习资源，完成学习任务。这种教学活动具有层次性，由浅入深、由易到难、由表及里，为学生构建了一个动态、开放、交互性的学习环境，有利于培养学生的自主学习和合作学习能力，有利于培养学生的问题意识和质疑精神，提升学生的能力与素养。

在项目式教学中，学生的知识和能力是在教师和同伴的互助下自主建构和发展起来的。学生要做的不是对知识进行记录和记忆，而是在一定的情境下，以解决一个任务为驱动性目标指向，采用各种手段、策略，独立或借助教师的支持，自主寻求或自主建构学习意义。简言之，学生解决问题的过程就是主动构建知识、获取知识的过程。

（三）语文项目式教学的构成要素

1. 学习目标

语文项目式教学和其他教学法一样，必须有明确的教学目标。新课标明确了语言建构与运用、思维发展与提升、审美鉴赏与创造、文化传承与理解四个方面的学科核心素养，又将课程目标细化为12个能力点。在具体教学过程中，教师要将这些素养和目标分解并有机地融入语文项目中，让学生在建构具体项目任务的过程中，获得知识，发展能力。教学目标除了可观、可测的语文核心素养之外，元认知能力的培养也应得到关注，有些元认知技能虽是“软技能”，却是学生适应未来学习和生活的关键能力。

2. 学习项目

作为教学载体的项目，必须满足以下三个条件。

首先，项目必须包含丰富的语文要素，具有培养语文知识和能力的功能。比如：以建构网上博物馆为项目，完成名著《平凡的世界》整本书的阅读与研讨；以排演话剧为项目，完成《史记（选读）》关于项羽的选文阅读；以“唐诗宋词飞花令大赛”为契机，完成唐诗宋词的学习任务；等等。

其次，项目要具有真实性，能和学生的现实生活相联系，使学生喜闻乐见，能够激发学生的学习热情。

最后，项目成果要具有可展示性，便于交流、优化和迁移。

3. 学习小组

在项目学习过程中，学生是以项目实施者的身份出现的。根据项目的规划和设计，班级要建立项目小组，项目小组要建立项目工作单，该项目活动的所有人员都有明确的项目任务，形成“学习共同体”，分工合作，为完成各自的任务而进行参观采访、收集资料、撰写报告、成果建构、产品展示等语文学习活动。在小组项目组长的指导下，大家集思广益，成果共享，交流反思，不断优化项目成果。

4. 项目资源

语文项目学习的资源既来自各类文本，也来自多媒体和网络。除此之外，自然风光、文物古迹、风俗民情、国内外重要事件、日常生活等都是项目学习的丰富资源。在开展项目式教学时，教师要营造“混合式学习环境”，这种混合既包括课上课下、校内校外的混合，也包括线上线下的融合，将语文项目学习和信息技术深度融合。学生还可利用信息技术制作语文项目成果，并在网络平台上分享。

（四）教师实施语文项目式教学面临的问题和挑战

语文项目式教学的项目主题、学习活动、学习成果要确保语文性。在语文项目式教学中，项目主题、语文知识与能力、语文活动是三个核心要素，项目主题是最直接的内容表现，知识与能力是语文学习的目标，语文活动则是具体的实现方法，这三者必须高度统一，最终指向语文核心素养，而不能泛化为综合实践活动课。

项目式教学是语文教学法之一，和其他教学法一起促进学生语文素养的形成和发展。项目式教学着眼于学生真实情境中学习能力的表达、建构和发展，但在学科知识点、学科能力点的系统建构、输出方面具有局限性。因此，教师要根据学习内容和学生水平，灵活运用项目式教学。

语文项目式教学成功的支点在于开发建构真实情境中语文元素丰富、具有意义和挑战性的学习项目，要求教师具有较高的基于现实生活、学生生活的课程开发、整合、建构能力。

项目式教学的一个周期少则一两周，多则一个月、一个学期甚至一个学年。学校教学有明确的教学任务和教学时间，如何科学规划项目实施，确保语文教学任务顺利完成，对教师的课程实施能力是一个挑战。

三、语文项目式教学与学科核心素养发展

语文课程是一门学习语言文字运用的综合性、实践性课程，其特点是工具性与人文性的统一。语文课程应引导学生在真实的语言运用情境中，通过自主的语言实践活动，积累言语经验，把握语言文字的特点和运用规律，加深对语言文字的理解与热爱，培养运用语言文字的能力。

普通高中语文课程应在义务教育的基础上，进一步提升学生的语文素养，帮助学生形成良好的思想道德修养和科学人文修养，为学生终身学习和全面而有个性的发展奠定基础。

语文学科核心素养是学生在积极的语言实践活动中积累与建构起来，并在真实的语言运用情境中表现出来的语言能力及品质，是学生在语

文学习中获得的语言知识与语言能力、思维方法与思维品质、情感态度与价值观的综合体现。语文学科核心素养主要包括语言建构与运用、思维发展与提升、审美鉴赏与创造、文化传承与理解四个方面。

(一)语文项目式教学和语言建构与运用

语言建构与运用是语文素养整体结构的基础层面。在语文教学中，教师要拒绝“纯内容分析式”的讲读教学，而应从具体语言文字的运用入手，通过对语言的品味、咀嚼来探索文本的意蕴，或者从整体阅读的感悟出发，在语言文字中找出认知的依据。语文是一门工具性学科，其核心素养的四个方面中，语言建构与运用是另外三个方面的基础。语言建构是出于表达思想的目的，在个人的言语经验基础上，按照语言内部系统来建构起自己的言语表达体系。语言建构是语言运用的前提，而语言运用是语言建构的重要途径。

项目式教学是依据课程标准和课程内容，以项目研究、项目实施为基本学习方法，由教师创设教学情境，以项目问题的生成、探究、解决、运用培养学生的创新精神和实践能力，全面提升学生核心素养的探究式教学方式。在语文项目式教学中，学生能积累较为丰富的语言材料和言语活动经验，培养良好的语感；在已经积累的语言材料间建立起有机的联系，将自己获得的语言材料整合成为有结构的系统；理解并掌握汉语言文字运用的基本规律，凭借语感和语言运用规律有效完成交际活动；依据具体的语言情境，有效地运用口头和书面语言与不同的对象进行交流，将具体的语言作品置于特定的交际情境和历史文化情境中理解、分析和评价；通过梳理和整合，将自己获得的言语活动经验逐渐转化为富有个性的、具体的语文学习方法和策略，并能在语言实践中自觉运用。

(二)语文项目式教学和思维发展与提升

思维发展与提升是指学生在语文学习中，通过语言运用，获得直觉思维、形象思维、逻辑思维、辩证思维和创造思维的发展，以及深刻性、敏捷性、灵活性、批判性和独创性等思维品质的提升。

思维是人们进行逻辑推导的属性、能力和过程。语文思维是学生在听、说、读、写活动中与言语同步展开的思维活动与思维能力，思维能力的发展关系到学生的可持续发展与全面发展。思维发展和语言发展是同步的，思维品质的发展与语言建构及应用有直接关系。语文课堂要使学生借助语言运用来提升思维品质，培养良好的语感，还要使学生整理已有的知识，吸收外在的思想，进而达到提升语文核心素养的目的。

语文学科兼具人文性和工具性，人文性强调的是课程的思想性，而工具性强调的是课程的知识性，二者都需要学生借助逻辑思维、形象思维、批判性思维、发散性思维去分析归纳，去探究生活、社会、文化乃至哲学层面的问题，进而形成核心素养。语言是思维的物质外壳，因此发展学生的思维是语文学科的核心任务。

在项目式教学中，整个教学过程重视思维情境的创设，帮助学生形成语文思维。语文思维情境是在阅读教学中促使思维发生、发展的一切内外部条件的总和。语文学习是极具个性的情感体验过程，它包含想象、审美、冶情等心理体验。情绪体验的特性使课堂教学情境一定程度上不是那么明显外露，但它对语文思维生成的影响却是外显的。项目式教学的语文课堂教学中，教师的作用不再局限于教授语文知识点，也不仅仅是帮助学生构建完整的知识体系，还体现在关注学生核心素养的发展，特别是思维能力的生成上。学生的学习也不再局限于记忆教师教授的知识，而是能够积极地进入情境、参与课堂、探究问题、解决问题、完成项目，最终提升思维素养。

在项目式教学过程中，对项目问题的探究可以引起师生之间、生生之间的质疑与思维碰撞，教师可以趁机捕捉思维触发点，提高学生思维深度。思维深度即思考的深入程度。语文思维发展的主阵地在课堂，课堂上师生研究的知识、现象、情感，就是学生思维的触发点。思维的触发点在课堂上呈现的主要方式是问题，提高思维深度的有力途径便是让学生学会质疑。质疑是学生语文思维活动得以开展的重要体现。教师应在文本开发的基础上，有效设问，做到强化问题意识、规划问题结构、细化问题环节，让问题成为学生思维深化的源点，进而激发学生的更深、更广、更活跃的思维。

在语文项目式教学中，学生能获得对语言和文学形象的直觉体验；能在阅读与鉴赏、表达与交流、梳理与探究活动中运用联想和想象，丰富自己对现实生活和文学形象的感受与理解，丰富自己的经验与语言表达；能够辨识、分析、比较、归纳和概括基本的语言现象和文学形象，并能有依据、有条理地表达自己的观点；能运用基本的语言规律和逻辑规则分析、辨别语言，有效地运用口头语言和书面语言与人进行交流，准确、清晰、生动、有逻辑性地表达自己的认识；运用批判性思维审视言语作品，探究、发现语言现象和文学现象，形成自己对语言和文学的认识；能自觉分析和反思自己的言语活动经验，提高语言运用的能力和思维的深刻性、灵活性、敏捷性、批判性、独创性。

（三）语文项目式教学和审美鉴赏与创造

审美鉴赏与创造是指学生在语文学习中，通过审美体验、评价等活动形成正确的审美意识和健康向上的审美情趣，并在此过程中逐步掌握表现美、创造美的方法。语文活动是学生形成审美体验、发展审美能力的重要途径。审美鉴赏与创造的培养要求学生能感受汉字独特的美，表现出热爱汉语言文字的感情；要求学生能够感受和体验语言文学作品所表现的形象美和情感美，能欣赏、鉴别和评价不同时代、不同风格的语言和文学作品，分析其思想情感和语言特点，具有正确的价值观、高雅的审美情趣和高尚的审美品位；要求学生能够运用汉语言文字表达自己的审美体验，表达自己对美好事物的情感、态度和观念，表现和创造自己心中的美好形象，具有创新意识。

审美活动在本质上是形象思维活动，很难用一般的逻辑语言来概括，而是需要通过生活本身的形象规律来实现。所以在审美鉴赏与创造的过程中，教师需要培养学生的审美感知力、想象力、理解力及创造力。一草一木，一山一水，只要审美主体感知后加以想象，无声的文字符号就会变成充满感情的语言，无形的画面就会变成栩栩如生的景观，隐匿于字里行间的美就会自然地跳脱出来。我们通过想象，使那些“见所未见，闻所未闻”的形象鲜活起来，并通过自己的想象与理解，再造审美形象，完成审美创造。学生的想象力越丰富，对审美对象的再现就越真实，对审美形象的再创造就越具体，学生的知识宝库就越丰盈，学生的审美鉴赏与创造的基础也就越扎实。

在项目式教学中，教师可以让学生通过阅读、体验和写作来提升审美鉴赏与审美创造能力。这里所说的阅读，不仅仅指单篇的阅读，更强调整本书的阅读。整本书篇幅更长，主题更复杂，意蕴更丰富，更能锻炼人的思维能力。所以，教师应引导学生通过整本书阅读的过程发现美、体验美、鉴赏美、评价美。学生从整本书中汲取信息，丰富语言，比较对照，融合知识，浸入情感，使整本书的内容与成长经验相融合，使整本书的思想与个人思维相融合，从而获得人生感悟、获得情感体验、获得精神享受、获得自由想象，使阅读升值成为真正意义上的“悦读”。

语文课程的阅读，尤其需要项目式教学这种方式。古今中外经典名著的阅读，需要学生以浸入式的深度去体验，促进问题探究，引发深度学习。在项目式教学中，学生不再依赖教师的传授，而是经历一个“发现问题—提出问题—研究问题—寻求佐证—产出成果”的鲜活的体验过程，避免了阅读的碎片化、浅表化。这种项目化下的深层次阅读，能让学生最大限度地汲取名著营养，增加语感积累，扩大知识面，丰富精神世界，提高综合核心素养。

在阅读中感受美不是语文教育的终极目的。学生在长期欣赏文学形象之美、感受科学严谨之美的基础上，还应该拓宽视野，体验生活中的真善美，体验自然万物的真实美，并学会融入自己独特体验和独立思考的创意表达，富有创意地表现美和表达美。语文课程应增进学生对汉语言文字的美感体验。汉语和汉字是世界上非常有特色的语言文字，只有了解了汉语言文字的特点，才能热爱汉语言文字，产生学习语文的兴趣，把握学习语文的正确方法，体会汉语与汉字的美。文学是语言的艺术，所以语文课程中的阅读要让学生感受和体验文学作品的语言、形象和情感之美，加深学生对作品的真实体验。语文课堂的活动设计应力求提高学生的审美情趣，进而提高学生的鉴赏能力，通过表达与交流激发其创造力。

(四)语文项目式教学和文化传承与理解

文化传承与理解是指学生在语文学习中，继承和弘扬中华优秀传统文化、革命文化、社会主义先进文化，理解和借鉴不同民族和地区的文化，拓宽文化视野，增强文化自觉，增强文化自信，热爱祖国语言文字，热爱中华文化。每一个国家和民族都要首先发扬自己的优秀文化。中华文化博大精深，源远流长，传承中华优秀传统文化时，我们要辩证地继承文化遗产，真正读懂文典，将历史面貌还原，用正确的价值观进行判断，站在现在的高度，用历史的、辩证的眼光来辨别和继承。各个国家都有自己的文化，对于其他国家的文化，我们要批判地学习。

在语文项目式教学中，学生能借助语言文字，体会中华文化的博大精深、源远流长，理解并认同中华文化，进而热爱中华文化，主动传承中华优秀传统文化，提高道德修养，增强文化自信；学生能借助语言文字的学习，初步理解、包容和借鉴不同民族、不同地区、不同国家的文化，尊重多样文化，吸收人类文化的精华；学生能够关注并积极参与当代文化传播与交流，在运用汉语言文字的过程中，提高自己的文化自觉，初步形成对个人与国家、个人与社会、个人与自然关系的思考和认识，树立积极向上的人生理想，增强为民族振兴而努力奋斗的使命感和社会责任感。

中华优秀传统文化是中华民族经过几千年的发展流传下来的精华，是民族的宝贵财富与精神所在。实现优秀传统文化的传承是每一代人的历史使命。项目式教学采取多种形式让学生了解传统文化的内涵和意义，重视文化传承，让青少年成为传统文化的载体。高中语文教材中有大量的古代文学作品，其中蕴藏着丰厚的中华优秀传统文化底蕴。利用这些蕴含丰富营养的古代文学作品进行项目化学习，可帮助学生树立正确的世界观、人生观和价值观，使学生的情操受到陶冶、心灵受到熏陶，更热爱祖国灿烂文化，对古代文化产生浓厚的兴趣，自觉传承与弘扬我国优秀的传统文化与民族精神，从而提高学生语文素养，实现素质教育要求，落实新课标教学理念。

在项目式教学背景下，教师可以以学生为主体，开展对传统文化的研习，这样不仅能够丰富学生的知识储备，提高学生的文化修养，培养学生的爱国主义情怀，也符合新课程改革背景下语文传统文化的教学工作。教师可以举办与传统文化有关的比赛，比如：举办古诗词默写竞赛，既可以加深学生对古诗词的理解，也可以提高学生的书法水平，并且古诗词书法比赛中的获奖作品也可以悬挂在教室的墙壁上，用来营造传统文化的学习氛围，一举多得；举办成语故事比赛，让学生以讲故事的形式将自己所了解的成语背后的故事讲述出来，既能加深学生对故事寓意的理解，又能让学生的视野更加开阔，实现对传统文化的传承。教师还可以借助节日习俗，传承中华优秀传统文化。传统习俗教育是传统文化教育的重要组成部分，只有让学生真正了解传统习俗，才能使他们延续这些传统。在春节、元宵节、端午节、中秋节等传统节日时，教师可以让学生挖掘和整理传统节日的丰富内涵，参与传统节日的各种实践，体验传统节日的文化氛围，进而弘扬中华优秀传统文化。

项目式教学主张围绕一个具体的项目创设情境，引导学生在解决问题的过程中习得知识。在语文项目式教学中，学生围绕特定任务，通过自主言语实践活动，真正将知识内化为能力，并在情境的体验中将其凝结为素养。项目式教学中，教师创设了一个或数个具体的任务情境，设计适宜的任务驱动教学，学生要解决这些任务必须进行自主学习，这就凸显了“教学要以学生为中心”的理念。

第二节　语文项目式教学系统的构建

一、项目式教学的理论前提与方向依托

（一）以对项目式教学的理解为前提

项目式教学是将某门专业课程按类别分为若干能力单元，把每个能

力单元作为一个教学项目，实行理论、实践一体化的单元式教学。每个单元教学都应以运用该项学科能力完成一个作业结束，并能服务于下一个项目单元的教学。简言之，项目式教学是一种方法，更是一种方案。

每一个项目单元的设计，都应该有一个清晰明确的能力目标。合理、有效的教学目标，能让项目活动有针对性、实效性、可操作性，能有效克服项目式教学活动中的随意性、盲目性、重复性问题，是教学活动的指挥棒。

（二）以国家育人需要与学科核心素养要求为导向

始终坚持以习近平新时代中国特色社会主义思想为指导，落实立德树人的根本任务，遵循教育规律，着力发展学生的核心素养，促进学生个性化发展。这是新的语文课程设计的根本依据，同样也应是教师进行项目式教学目标设定的核心导向。

学科核心素养是学科育人价值的集中体现，是学生通过学科学习而逐步形成的正确价值观念、必备品格和关键能力。项目式教学活动作为学科教学的方法、学科育人的途径，活动目标的设定必须符合核心素养培养的要求。语文核心素养主要包括语言建构与运用、思维发展与提升、审美鉴赏与创造、文化传承与理解四个方面，其中，语言是基础，其他三个方面都是以语言的建构与运用为基础，在学生个体言语经验发展过程中实现的。

（三）以项目素材的文体特点为依托

语文项目式教学的活动设计，应根据不同文体的具体特点确定不同的学习目的，设计不同的项目任务。以“整本书阅读与研讨”项目设计为例，如果选择阅读一部长篇小说，目标设定重在引导学生反复阅读品味，深入探究，欣赏语言表达的精彩之处，感受、欣赏人物形象，探究人物的精神世界，体会小说的主旨，研究小说的艺术价值。如果选择阅读一部学术著作，目标设定重在学会梳理全书纲目关联，做出全书内容提要；把握书中重要观点和作品的价值取向；了解本书的学术思想及学术价值；探究全书的语言特点和论述逻辑等。也就是说，语文学科的项目活动设计意在结合所阅读的作品，在了解不同文体作品写作的一般规律的基础上，根据诗歌、散文、小说、戏剧等不同艺术表现方式的具体特点，引导学生从语言、构思、形象、意蕴、情感等多个角度欣赏作品，以提升相应的语言建构与表达的能力，获得审美体验，认识作品的美学价值。

（四）以不同项目任务的能力指向为着眼点

每个具体的项目活动设计都有其相应的语文能力的训练目标，而这种能力目标亦决定了项目活动目标的最后确定。

项目活动是以学生完成一个最终的项目成果作为结束的，而语文的学科特点又决定了语文教学重在关注过程而非结果，因此合理的项目目标的设定在其中发挥了必要的桥梁作用。项目目标既是活动过程中预期实现的能力训练目标，也是项目成果完成的必要条件，项目目标的最终确定要以具体项目的能力训练指向为着眼点，并结合具体学段的学情完成。

二、项目式教学的素材收集与问题设计

（一）素材收集

在语文项目式教学中，教师除了要创设问题情境和挑战性任务之外，还要为学生提供尽可能丰富的学习资源。语文项目式教学的资源离不开各类文本，包括口头材料、书面材料和视觉材料。此外，语文项目式教学应和信息技术深度融合，包括多媒体技术、网络技术、移动学习技术与传统媒体技术等。教师应整合教学内容，合理运用信息技术，一方面将整合的教学资源通过网络进行推送，另一方面通过网络进行交互式学习。学生可利用信息技术制作出语文项目成果，并在网络平台上分享。在线上线下结合的混合式学习环境中，学生获得的学习资源更为丰富，学习时空更为宽广，学习社群更为多元，学习反馈更为及时。

项目式教学素材可分为探索性素材、跨学科性素材、长期性素材、多层次性素材、实践性素材、开放性素材。

1. 探索性素材

项目式教学作为一种让学生进行创作、验证、完善、制作出一定“产品”的活动，其内容可以是模型、产品、剧本、发明创造等各种类型。项目式教学的过程通常为发现问题、提出问题、分析问题和解决问题，并包括

假设、验证、结论、评价等各个阶段。在项目式教学过程中，学生需要进行全方位、多角度的细致思考，将发散思维和集中思考相结合，如此才能解决问题。因此，项目式教学能够培养学生的探索精神和创造思维。学生可以挑选自己感兴趣的项目式主题，从而更好地发挥自己的能力，真正成为学习的主体。

2. 跨学科性素材

项目式教学所涵盖的内容要远大于传统的学科课程，而且通常不局限在特定学科范畴内，具有跨学科的属性，在学习的过程中需要整合其他学科的知识和技能。特定学科的课程培养目标单一，即培养学生的学科能力；而项目式教学则需要整合多学科的基础知识、研究方法和当今社会的热点问题，是超越了学科框架的整合，旨在培养学生解决实际问题的能力。因此，项目式教学通常需要学生通过多种方式，包括翻阅书籍、查询网上资料、面对面访谈，甚至是进行实验操作来开展具体研究。这就有可能出现针对同一个主题的项目式教学，不同学生收集了不同的资料，得到并不完全相同的结果的情况，这一点与传统的教学模式形成了鲜明的对比。

3. 长期性素材

与其他教学方式不同的是，项目式教学并不局限在一节课或几节课，而是通过若干节课甚至将整个学年串联起来，持续较长的时间，这就需要参与项目式教学的学生更加有效地调动时间、资源和工具。同时，教师作为项目的指导者也应当更好地指导学生妥善地安排时间，合理地利用资源，制定并遵照进度表开展项目式教学研究。

4. 多层次性素材

不同年级的学生参与项目式教学的能力和素质不同，因此可以按照年龄来进行项目式教学的分层与分段。对低年级的学生来讲，更多的由教师来完成课题选择，教师在选题时通常从学生所熟悉的日常生活、学习环境入手，选择与家庭、同伴、学校相关的主题，突出当地的人文和历史文化特色，教师发挥制订计划、过程监控、结果评价等指导作用，指导学生用掌握的基本学习技能来完成项目式实践；而对于高年级学生来说，教师通常不直接决定课题来源，而是采取师生合作的方式商定课题，选取的范畴可以从社区、城市扩大到国家、世界，教师在项目开展的过程中指导学生的频率也会降低，在学生发挥主体作用开展研究的过程中进行适度的指导和帮助，并对最终学习成果进行督导。

5. 实践性素材

与传统教学模式不同的是，项目式教学摆脱了教师传授书本知识的局限，学生可以根据自己的兴趣、目标和需求进行参与和研究。项目式教学实践的内容是多种多样的，一个项目通常会融合多方面的理论知识和实践操作，锻炼学生多方面的技能。项目式教学的立项通常来源于生活，学习的场景是具体、真实的，学生所面对的问题是贴近生活的。

6. 开放性素材

项目式教学不局限于书本上规定的特定知识体系，选题也都来源于学生的日常生活和学习实践，偏向于捕捉、研究、解决学生关注的一些社会问题或科学思考，范畴非常广。即便是针对同一个项目式课题，学生也可以按照自己的思路和特长，运用不同的设计方案、研究方法、学习方式和成果总结来进行学习。项目式教学的学习过程是开放的，学生有更广阔的发挥自己的才能和特长的空间。项目式教学并不指向知识学习方面的特定目标，其目标具有开放性；启发学生关注身边的生活和不断发展变化的世界，其内容具有开放性；允许学生自主决定研究方式，采取独立完成或小组合作的方式，其过程具有开放性；强调在研究过程中学生的学习体验和创造性表现，其评价标准具有开放性。总而言之，学生可以根据研究课题和自身的能力特长选择适合的学习方式，学校和教师根据实际条件和学生的特点进行差异化指导，以不同的课程目标、实施方式、课程安排和评价方式来保证项目式教学所具备的开放性特点。

(二)问题设计

1. 问题的内涵

问题是指这样一种情境:个体想做某事,但无法马上知道完成这件事所需采取的一系列行动。每一个问题都包括三种成分:①给定信息,指有关问题初始状态的一系列描述;②目标,指有关问题结果状态的描述;③障碍,指在解决问题的过程中会遇到的种种亟待解决的因素。

问题有两个关键特征:第一,问题是某种情境(指目标状态与当前状态之间的差异)下的一个未知状态;第二,发现或解决这个未知状态必须具有一定程度的社会、文化或智力上的价值。

问题解决就是指由问题引发,运用一定的知识和认知策略去形成一个新的答案,超越过去所学规则的简单应用而产生的解决方案。这意味着,问题解决者需要结合已经习得的概念、命题和规则,来达到一定的目的。

2. 问题的类型

(1)本质问题

本质问题,是指在特定学科中、人生发展历程中和对世界的探索理解中最重要、最基础、最长久的问题。本质问题是核心,是理解的基础。本质问题往往是抽象的、宏观的,会与一个人的世界观、人生观、价值观相关联。

本质问题存在于学科和跨学科的核心概念中。一个学科中的本质问题指的是学科中的大概念,是这个学科领域的关键探索和核心认知,是这个学科在其发展历程中无法绕开的问题。本质问题具有统领和聚合的作用,可以将这个学科中孤立的、零散的知识进行很好的归纳和提炼,将它们整合起来。当然,对本质问题的思考也意味着学生已经进入学科的深层,已经开始对这些问题进行有效思考。跨学科的本质问题往往指向人生、社会的根本性问题,这些问题具有广泛性、普遍性。本质问题不可能在某一堂课上完成回答，也很难用简单的语句和逻辑来解答。在这种情形下，项目式教学就能很好地把这些内容串联起来，找到问题的导火索，让学生不断深入研究，推动研究的发展，在常论常新的研究过程中寻找具有时代意义的答案。

(2)驱动性问题

在项目式问题设定和任务聚焦过程中，应当重视提出开放的、对学生友好的驱动性问题。

知识的获得来源于对问题的认识和解决的过程。学习开始时遇到问题，问题本身推动了解决问题和推理技能的应用，同时也推动了学生学习探究关于此问题的知识和结构及解决问题的方法。

项目式教学的根本就是以对特定问题的思考来激发学生对某种概念的探索。项目式教学的核心关注点是项目设计者要提出本质问题，但是本质问题往往比较抽象、比较宏观，学生受年龄、阅历和知识储备的限制，有时会难以接受。因此，将这种本质问题转化为驱动性问题，就会更好地激发学生的研究兴趣，促使他们更主动地投入研究。当然，驱动性问题虽然较本质问题简单一些，但对于学生来讲也是具有挑战性的。

为确定项目式设定的驱动性问题合理与否，需要确定该问题在现实生活中是否具有可行性。这包括两层含义：一是确定问题解决所依托的现实环境和可以利用的资源是否真实存在，且在学生需要的情况下，教师是否能够满足这方面的需求，即要求驱动性问题反映现实生活中的真实问题；二是教师在设定问题时，要对学生的学习能力、知识储备、知识结构等进行科学合理的评估，并关注教师自身的掌控能力和引导能力。

一个好的驱动性问题是可以引发高层次思维活动的，并且能够提供具体的组织结构，使得信息和所提供的内容具有现实意义。巴克教育研究所在更新项目式教学“黄金准则”的过程中，将驱动性问题改为挑战型问题。他们认为，挑战型问题需要学习者的价值判断，挑战型问题更有哲学意味。这种变化表明巴克教育研究所对该问题的认识发生了改变，即从学习者感兴趣、友好的驱动性问题，转向对学习者的思维和价值观带来挑战的问题。这两种问题都有存在的价值和意义，它们具有不同的功能：挑战型问题会给学生的理解和学习带来认知冲突；而驱动性问题则是通过兴趣吸引学生投入项目式教学。如果只有挑战没有驱动，就不能很好地激发学生的主动性；但如果只有驱动没有挑战，项目式教学就会变成华而不实的趣味游戏。

驱动性问题和本质问题具有较大的区别。驱动性问题是将抽象、深奥的本质问题转变成符合学生年龄特点并且能够让他们产生兴趣的问题。本质问题相对比较抽象，驱动性问题则非常具体，能够融入学生感兴趣的情境。驱动性问题让学生有强烈的代入感，同时还具有开放性、不确定性等特点。此外，驱动性问题并不是简单地搜集信息，而是需要学生运用以往掌握的知识储备来进行更深层次的学习，是指向核心知识的。因此，驱动性问题更有趣味性，但并不意味着思考质量的降低，驱动性问题同样可以引发学生进行高阶思考。驱动性问题能够直接影响项目式教学的最终结果，不同的驱动性问题会带来完全不同的实践过程和研究成果。

3. 问题设计模型：课程框架问题

(1)课程框架问题的主要要素

①基本问题

基本问题是整个项目式教学(包括跨课程项目)中具有高度概括性的框架性概念，是整个问题体系中最抽象、最高级的开放性问题。项目式问题的设计通常围绕具体项目展开，并与其他项目相关联，用以推动学生思维的发散。例如，关于文学作品的项目式教学，其基本问题就可以设定为“该文学作品是如何反映文化的”。

②单元问题

单元问题通常是在基本问题的基础上，针对项目内容本身向外延伸的问题，可以起到引导学生思考、推动项目有序开展的作用。单元问题与选定的某个主题或者单元相关，针对的是一个具体的项目，需要项目管理者引导学生在对研究对象进行“为什么”的研究的同时，不断探索“怎么办”等深层次问题。

③内容问题

内容问题可以理解成传统教学活动中，教师提出来让学生进行回答的问题，通常涉及具体的知识，针对的也是具体的教学内容。这些内容相对来讲是比较封闭的，但与教学的内容息息相关，对学习目标和学习内容起到了直接的支撑作用。

(2)课程框架问题的设计模式

①“自下而上”模式

这一模式按照“内容问题—单元问题—基本问题”的顺序来设计课程框架问题，由细节入手，逐渐向深度和广度拓展，类似于写作中的“分—总”结构。一般情况下，这种框架设计模式适用于初学者或刚刚接触项目式教学的学习者。

②“自上而下”模式

与“自下而上”模式相反，这种模式按照“基本问题—单元问题—内容问题”的顺序进行课程框架问题设计。对于具体项目而言，首先按照项目所涵盖或涉及的范畴，结合项目与项目的交叉部分设定能够激发学生深层思考的基本问题，之后基于项目内容进行延伸并进行综合性分析总结，设计出进一步拓展学生能力的单元问题，最后在项目实施的过程中提出问题并一一进行解决。

4.驱动性问题设计的教学起点、课堂关键和过程体现

(1)项目式教学驱动性问题设计的教学起点：目标分解设计

项目式教学目标的设定决定了项目式教学的问题设定，并且项目式教学目标在设定的时候就应当体现出不同于传统教学目标的创新。项目式教学是学生根据自己的学习兴趣，通过独立开发学习资源并创造学习成果来实现的。因此，目标的设定就应当更好地体现学生个体之间的差异。项目式教学的目标设定应当按照基础目标和提升目标进行区分。基

础目标要求学生在自主探索和参加活动的过程中，及时掌握并消化基础知识。基础目标是面向全体学生的，也是传统课堂上所不可缺少的部分。提升目标是针对特定学生的，要求在掌握基础知识的基础上，利用问题设定、项目研究，追求更深层次的知识创造，不断激发学习潜能，全面提高个体素质。

①项目式教学目标要清晰、明确

基础目标应包括理解、鉴赏，提升目标则应包括表达、协作和评估。以语文教学中的诗歌教学为例，在传统诗词教学过程中都会注重理解和鉴赏两个层面，要求学生掌握诗词写作内容、艺术手法、作者基本情况、写作时代背景等基本知识；但表达、写作、评估就应当归为项目式研究范畴，即通过活动探讨、交流对话、小组讨论、协作研究、创作实践等方法，解决非现成的知识性问题，提升学生欣赏理解、口语表达、写作等能力，以项目式的学习和研究方式激发个体学生的创新思维，促进核心素养的形成和发展。

②项目式教学目标在设定时应同时讲究开放和精细

项目式教学并不是完全放手让学生进行自我创造，最后得出一个笼统的结果，而是由教师在项目式教学进行的全过程中积极发挥引导作用。问题既可以由教师设计，也可以由学生设计，或者师生共同确定。教师可以先提供充分的学习素材，让学生在吃透素材的基础上根据自身的学习和实践能力确定研究的课题，并由自己或与身边同学一起来寻求解决方案。这样学生就可以更加主动地思考如何设定项目主题和结构、如何在实施过程中细化和分工、如何寻求帮助和支撑等问题。项目式教学本身具有个性化的特征，因此师生共同参与问题设计和项目实施会取得更好的效果。

(2)项目式教学问题设计的课堂关键：思维品质训练

项目式教学的目的不仅仅是推动学生解决某个复杂问题，而是在此基础上锻炼学生的思维能力和思考品质。在学习的过程中，教师和学生都要综合考虑一系列问题，如在问题设计的过程中体现出逻辑思维、创造思维、辩证思维等特点。因此，在高中教学中应当更大规模地推动基于思维品质训练的教学项目部分或全部取代传统意义上的课堂讲授。从教师的角度来看，项目式教学对思维有着很好的规划，而且是符合课标要求和教学目标的；从学生的角度来看，项目式教学能够培养思考和学习的习惯，能够更好地促进个人素质的提升。

(3)项目式教学问题设计的过程体现：真实学习情境

理想的学习氛围和真实的学习情境可以提高学生的学习兴趣，而项目式教学倡导学生真正成为学习的主体。新课标也提倡在真实的语文生活环境下开展深度学习，提倡学生在语文实践活动中实现教学目标。教师可以充分利用社会化的材料和社会化的真实场景，创造性地开发教学资源，一方面在课堂中以学生分组合作的方式开展项目研究，另一方面基于真实的项目设定问题，让学生在思考问题的过程中获得真实的学习体验。

三、项目式教学的活动组织

(一)项目活动的内涵

项目活动是项目式教学方式的灵魂和核心，是项目式教学最直观的体现。项目活动没有时间限制，强调“做中学”，要求在真实情境下探索的连续性和师生的互动。教师为项目活动提供一定的真实情境，鼓励学生积极参与和发现，并用多种形式进行表现。

项目活动会跨学科、跨领域，因此，项目活动的设计要周密，要有学科指向性。对于语文学科来说，项目活动要突出语文学科的本质特点，要合理，使学生在做项目活动时能充分调动本学科课内、课外资源，更应该有学生的作品资源；项目活动要以不同形式引导学生展开深刻的思考，通过视听语言、文字语言等不同方式，给学生更强烈的冲击。项目活动越具体，越可以操作，越有指向性，就越容易被学生把握。开展项目活动，需将教师专业的引领与学生的独立探索相结合，并借鉴成熟的案例研究，师生共同寻找丰富的研究素材，制定项目活动，在具体的实践情境中共同完成项目目标。

(二)项目活动的意义

项目活动旨在帮助学生实现阅读重构,让学生在活动中关注作品人物,把握事件的完整性,把散落在各个章节的信息抽取出来,实现整合。项目活动可以让学生从碎片化走向整体化,完成信息的重构,培养学生对文本的重构意识。

教师通过项目活动设计,帮助学生建构起他们应思、应想的内容,培养学生成为学习的积极反应者,使学生能够在活动中自我调节活动的内容、方向、进度、难易度,成为真正具备高水平学习能力的学习者。

项目活动的完成,不仅意味着驱动问题得以解决,还意味着学生的小组合作、解决问题、沟通交流、信息分析等能力的提升,以及分析、比较、创新等认知水平的大幅度提升。在项目活动过程中,阅读和查找所需材料还可以让学生开阔文化视野,理解、借鉴不同民族和地区文化,传承中华优秀传统文化,提高文化自觉,增强文化自信。

(三)项目活动的特点

项目活动的设计不是凭空想象出来的,不是独立于项目式教学目标总设计之外的。项目活动的大小由教学目标决定,项目活动的课程持续时间的长短也可根据教学情况适度调整。

项目活动强调课程的“动态设计”“随机生成”,它不是一成不变的。也就是说,项目活动的方案虽然是预先确定的,但只是预先有一个大概的“项目框架”,而后在教学互动中,教师可以根据学生的反应,即学生的兴趣、经验、问题、意见或建议等不断进行调整、修订、发展,甚至完全改变预先的项目活动,生成新的“项目”,这就是“弹性活动”。

项目活动有如下特点。

1. 建构性

在项目活动中,项目活动给学生提供发挥自身潜力的空间,学生在过程中亲身体验知识的产生,并建构自身的知识,甚至跨学科学习。因此,教师要紧紧围绕"语言建构与运用""思维发展与提升""审美鉴赏与创造""文化传承与理解"这四个维度的语文学科核心素养去设计项目活动。

2. 灵活性

项目活动依据教学目标有预先的项目活动设计,但它是有弹性的,是灵活的。随着教学环节的深入和教学实际中一些不可预测的情况出现,教师是可以和学生一起互动,进而根据实际情况调节、更改项目活动的,以期更好地完成项目式教学的目标。

3. 挑战性

项目活动所要完成的教学目标是具有一定难度的,不仅需要将已有的知识、技能和信息进行整合应用,而且要求学生运用已有的知识、技能和信息,在一定范围内学习新知识、新技能,获得新的信息感悟,并通过说、读、写等方式完整清晰地表达出来。

(四)项目活动的实施步骤

1. 制定项目目标

项目活动应该是依据项目任务设计,为项目目标服务的。教学中要先确立项目目标,然后再设计符合教学目标和学生兴趣及认知规律的项目活动。教学目标是项目活动的基石,没有明确教学目标的项目活动就是空中楼阁。因此教师要设计出针对真实情境的驱动问题,精准且有梯度地设计教学环节和学习任务。

2. 设计项目活动

项目活动是灵活的、多变的,是可以根据具体的教学实际情况和项目活动实践进行调节的。无论是大项目、小项目还是微项目,项目活动的设计都应体现出项目式教学完整的实施过程与时间安排。需要注意的是,项目式教学需要在教学计划可行的限度内提供充分的学习时间,以满足学生围绕项目活动问题进行持续性探索的需要。

明确了教学目标后,就要思考通过什么样的项目活动来实现项目目标,完成教学任务。项目式教学可以是整本书的项目式教学,也可以是单篇或者某一单元的项目式教学。当然，如果可以的话，也可以两两交叉进行。

3. 项目活动的开展

首先，学生依据自身特长和学习情况自愿组成项目活动小组，各个小组依据自己的项目活动任务制订具体的项目活动方案和项目活动时间计划表。

其次，项目活动小组成员依据活动任务分工，完成自己负责的部分。在这个过程中，教师要不断与小组负责人进行沟通并给予适当指导，也可以在适当时间开设交流答疑课。为了避免最后项目活动展示环节形式的单一性，教师应鼓励学生针对所要解决的问题和所提出的方案及结论进行批判性、创新性思考，从而更好地激发学生的创新思维。教师在这一过程中应扮演好组织者与引导者的角色，确保探究过程顺畅有效进行。

再次，作品制作和完善。这里的作品既包括实践性作品，如模型、课本剧、音乐、动画等，也包括语言文字的作品，如书信、课本剧台词、歌词、实践作品的介绍词等。在此过程中，教师要鼓励学生围绕自己的作品展开进一步的讨论，以使作品更加完善。

最后，展示项目活动作品。各小组对所制作的作品面向全班进行公开展示，分享自己在探究过程中形成的观点。项目活动作品展示交流环节的主导权应完全交给学生，由学生自主进行展示、问答与讨论。如果需要的话，还可以由学生决定为了更好地得出最终结论而应当继续进行的下一步探究。展示环节是体现学生深度学习和深度思考的重要活动内容，小组成员在互助学习、合作交流的基础上形成整体的展示思路、展示内容、展示环节，从而达到对学生人文底蕴和科学精神的进一步培养与升华。

四、项目式教学的评价原则与评价方法

（一）评价原则

1. 着眼于核心素养的整体发展

语文课程评价的根本目的在于全面提高学生的语文核心素养。项目

式教学评价的过程即学生学习的过程，教师应围绕阅读与鉴赏、表达与交流、梳理与探究等学习活动，在具体的语文学习情境和项目活动中，全面考查学生核心素养的发展情况。

语文课程评价要综合发挥检查、诊断、反馈、激励、甄别、选拔等多种功能，不能片面强调评价的甄别和选拔功能。评价不仅要关注学生外在的学习结果，而且要关注学生内在的学习品质。教师要通过评价引导学生学会学习，使其自觉提升语文学科的核心素养。

语文教师要有意识地利用评价过程与结果，发现学生学习的个性特点和具体问题，及时引导，提出有针对性的建议，激发学生学习的动力。同时，教师要依据评价结果反思项目式教学的不足之处，优化项目设计，调整项目策略，完善项目过程，为学生语文核心素养的发展提供有力支持。

2. 全面把握项目和学习任务群的特点

语文项目课程评价要把握项目的特点、语文学习任务群的特点及二者之间的关系，综合统筹评价过程。每个项目学习目标与内容，以及项目涉及的任务群的具体内容，既各自独立，又彼此关联。因此，语文项目课程评价既要突出每个任务群的学习重点，又要兼顾任务群之间的联系，体现学习目标、内容与评价的一致性。

教师在评价时要充分考虑语文项目实践活动的特点，注意考查学生在活动中表现出来的参与程度、思维特征，以及沟通合作、解决问题、批判创新等能力，记录学生真实、完整的项目学习过程。

3. 倡导项目评价主体的多元化

鼓励学生、家长、教师、教学管理人员等参与项目评价。语文教师应利用不同主题的多角度反馈，帮助学生更好地认识语文项目式教学与个人发展的关系，使其学会自我监控和管理。学校应创造条件，引导学生参与多种项目评价活动，构建学习与评价的共同体。

4. 选用恰当的评价方式

语文学科核心素养需要在真实的语文学习任务情境中综合考查。语文教师应根据实际需要，在项目式教学的过程中，综合诊断性评价、形成性评价、终结性评价等多种评价方式，考查学生核心素养的发展情况。每种评价方式都有自身的优势和局限，教师应根据特定的评价目的选择使用。可采用纸笔测试、现场观察、对话交流、小组分享、自我反思等多种评价方式，提高评价效率，增强评价的科学性和可靠性。对学生的评价既要有对基本目标的确定性要求，确保底线，也要注意以恰当的方式对学生予以指导。

学生语文核心素养的发展呈现鲜明的个性特点。教师要注意搜集学生在语文项目实践活动中产生的各类材料，如测试试卷、读书笔记、文学作品、小组研讨成果、调查报告、体验性表演活动和个人反思日志等。通过这些材料了解学生在项目活动中表现出的个性品质和精神态度，建立完整的学习档案，全面记录学生核心素养的发展轨迹。教师也可以运用信息技术，丰富学生的表现性评价，形成多样化的学生成长记录，全面科学地衡量学生的发展。

（二）评价方法

1. 量表评价法

量表评价法是根据设计的等级评价量表来对被评价者进行评价的方法。这种方法将学生个人行为和学习内容、学习水平转化为可测量数据或者标准，最终以等级或分数的形式呈现。

项目式教学评价量表的制定包括课上和课下两个维度。课下主要包括项目任务选择的合理性（包括项目任务的理论和现实依据、小组成员搭配的合理性、项目任务实施计划的科学性、项目活动预期的成果）、项目活动的小组参与程度（主要评价个人参与小组项目研究活动，包括三个量级，即偶尔、常态、积极）、个人对小组项目任务研究的贡献（包括大、中、小三个量级）、项目成果的生成（包括形式、内容两个层面的评价，其中：形式包括新颖和一般两个量级；内容包括创新和一般两个量级）。课上主要包括项目成果的外显性（从逻辑性、生成性、交互性来评价）、项目成果展示的小组参与度(包括个别参与和整体参与两个量级)、项目成果的科学性与可行性、项目成果的迁移与创新。依据量表评价内容,将评价结果划分为 A(优秀)、B(良好)、C(合格)、D(不合格)四个等级。

2.主体互评法

项目式教学依托于小组项目任务的研究,立足于小组项目成果的交流,指向最终共性问题的解决。学生实现了以小组为单位的自主学习与互助学习的结合,教师实现了从讲授者向参与者和指导者的转变,所以在评价机制构建中强调了小组内学生与学生的互评、小组间的互评、教师对学生评价和小组评价的有机结合。组内互评侧重对小组成员的项目任务参与度、贡献度进行评价;小组间的互评侧重课堂交流的评价,即对项目成果的内容、项目成果展示的参与度、项目成果的外显与表达、项目成果的创新性进行评价;组内评价侧重课下任务活动,组间评价侧重课堂的交流互动,两种评价最终折合为相应的等级。在依托学生进行主体评价的基础上,教师要在课下跟踪学生和学习小组,并及时进行点评;课堂上要结合小组项目任务的展示和交流过程,进行点评。

3.知识检测法

教学评价最直观的就是检测,教师通过检测数据了解学生的知识生成、运用,以及能力提升水平。为了有效测控项目式教学给学生发展带来的影响,可以使用前测和后测两种测评方法,并且进行普通班级和实验班级的比较评价。所谓前测,是指在项目任务还没有实施前,对学生已有的能力和知识储备进行摸底测试。所谓后测,是指在项目式任务实施后,特别是课堂小组交流展示后,对学生进行相关知识生成和能力迁移的检测。通过纵向和横向的对比,明确学生在从低阶能力向高阶能力发展的过程中存在的问题,从而有效地帮助学生在知识的整合生成和迁移运用上实现有效突破。

第四章

高中语文语感教学研究

第一节　语感及语感教学概述

一、语感的含义、特征

(一)语感的含义

语感离不开言语,也离不开心理,它的内涵必然与语言学、心理学相联系;同时,语感主要在语文教育中培养和发展起来,其内涵又与教育学及语文学科的审美情趣等相联系。因此,人们分别从语言学、心理学、教育学、美学等不同层面对语感下过定义。

语言学层面:从语言认知活动对象的角度来概括语感的本质,即研究者力图从主客体关系的角度对言语互动的双方进行主客体二分,强调言语主体对言语客体的认知方式,从而阐明语感是言语主客体互动的结果。例如:吕叔湘提出"语感是个总的名称,包括语义感、语法感和语音感";夏丏尊认为"语感是对于文字应有的灵敏的感觉";毛光伟认为"语感是对言语对象的感觉、领悟和直觉把握";等等。

心理学层面:语感是一种能力,而能力又是一个心理学的范畴,因而,更多的研究者从心理学的层面来界定语感。例如:叶圣陶提出"语感是对于语言文字的敏锐的感觉,是对于语言文字的正确丰富的了解力";王尚文认为"语感是思维并不直接参与作用而由无意识替代的在感觉层面进行言语活动的能力";李海林认为"语感是对语言和语境关系的感受,是对言语行为意义的感知,是对语表意义与隐含意义的关系的感受,是对言语对象的一种直觉同化";等等。

教育学层面:语感的研究固然是理论层面的,但语感理论必然与语感实践的重要途径——语文教学相联系。广义的语感是对所有诉诸视觉和听觉的言语的意义的感受;狭义的语感指阅读中对书面语的感觉。

美学层面:语感离不开言语主体的言语实践,在实践过程中言语形式和言语内容又是密不可分的,在此过程中必然伴随着言语主体的审美活动,因而有的研究者从美学的角度出发定义语感。例如:万明华提出"语感是人们在长期的语言实践中培养起来的对语言文字的敏锐的审美感知能力";张飞莺认为"语感是人们对语言形态的形象的直接感受力,是审美感知力在语文学习与运用中的具体表现"。

从以上内容可以看出,有些研究者对语感的定义并不严格,同时语言学、心理学、教育学、美学四个范畴的划分也不是绝对的。这就给我们以有益的启示:语感的本质很难用单一的学科角度来定义。语感的内涵依然存在着很大的争议,单纯某一学科或某一种理论都不能揭示语感的真正内涵,但语感也不是各学科、各理论的简单叠加和融合,必须综合语言学、心理学、教育学等的最新研究成果,对语感进行整体的把握。正是在这个意义上,笔者认为语感并不是一个深奥玄虚、不可触摸的东西,而是一种能力,是学生在教师的指导下,在长期的语文学习和实践中积累起来的具有稳定性的言语活动中的心智技能。

(二)语感的特征

语感的本质含义虽至今尚未完全明确,但对与之密切联系的语感特征的认识却趋于一致。在此,笔者着重论述语感的直觉性、整体性、个体性和后天性。

1.语感的直觉性

语感的直觉性也称为语感的"敏捷性""敏感性""快速性""非逻辑性"

“非意识性”等，其实质都归结为直觉思维在语感中的外显形式。从语感直觉性的不同称谓可以看出，语感给人的印象是言语主体对语言的一种下意识的本能的反映，超越了中间的分析、推断与验证的环节，在一刹那之间就能自然而然地识别与理解别人的言语，并能熟练地创造与生成新的言语。也就是说，言语主体在感知语言文字后，能迅速领悟、理解其表层意义和深层意义，以及深层意义中的言外之意、弦外之音、象外之象、景外之景、韵外之旨，从而达到对语言文字的正确理解。

语文考试中常有加标点、填字词、改病句之类的内容，它涉及语法、逻辑、修辞等语言知识，但对于语感水平高的学生来说，并不需要句句都要做语法、逻辑、修辞上的分析，而是一读就迅速得出结论，这就是凭借自动化了的语感达到的效果。

语感的直觉性是语感最基本的特征，语感的直觉思维特点使学生的思维鲜活而富有生机，可以为语文教学带来“多快好省”的高效率，这也是人们提倡语感教学的重要原因之一。

2. 语感的整体性

语感的整体性指言语主体在对言语对象及其所处语境的全方位认知和把握的基础上对语言文字的全部意义进行正确解构和建构。它不是对语音、词义、语法等的条分缕析，而是在具体的语言环境中对言语对象的多角度、多层次、全方位的整体把握，从而完整地感受其表达的深厚意蕴。例如，我们在读“昔我往矣，杨柳依依”的诗句时，对“杨柳”一词绝不会理解为“落叶乔木或灌木，叶子狭长，柔荑花序，种类很多”的植物学意义，而是结合全诗把握，明白是借助杨柳的外部形态，表达依依不舍的离情别绪。

语感的整体性是根源于直觉思维，是直觉思维强调整体感知的具体表现。中国的传统哲学，无论是儒家还是道家，都强调整体观，强调对事物整体的直接体验和感受，不能“只见树木，不见森林”。体现在汉语方面，就形成了一种偏重心理、略于形式的“人治”而非“法治”的语言。因此，古人读书、学习、研究多注重整体把握、模糊思维。吕祖谦曾说过："（学文）第一看大概主张；第二看文势规模；第三看纲目关键；第四看警策句式。"他讲的学文四法说明读书首先必须整体感知，然后才是赏析、品味。

语感的整体性注重言语主体对言语对象的整体把握的特点，给语文教学许多有益的启迪，指明了今后语感教学的方向。①

3. 语感的个体性

语感的个体性指言语主体在对言语对象认知和把握的基础上形成的独特的情感体验和言语模式。所谓言语模式，就是指个体的语感表现形式。也就是说，语感的个体性不仅表现在言语主体对言语对象感受、理解的差异上，还表现在其独一无二的言语表达方面。

语感是缘"语"而生的，语言的差异必然导致语感的不同。即使说同一种语言的人，因他所属的民族，所处的时代、地域、生活环境，性情爱好，以及所接受的教育、所走过的生活道路等的不同，语感也会各不相同。例如，我们在读《水浒传》时，看梁山英雄们说"这是流芳百世的勾当"，感觉非常别扭，这主要是时代不同造成的。宋代为褒义的"勾当"一词，现在已经完全贬义化了。又如，同是观莎士比亚的戏剧，头脑简单的人可以看到情节，较有思想的人可以看到性格和性格冲突，文学知识较丰富的人可以看到词语的表达方法，对音乐较敏感的人可以看到节奏，那些具有更高理解力和敏感性的观众可以发现其中逐渐揭示出来的内涵的意义。这种不同正是语感使然。

我们强调语感的个体性，并不是否认其社会性的一面，人毕竟是生活在社会这个群体中的。但纵观古今中外，找不出两个性格完全相同的人，因而也就不存在两个语感完全相同的人。也正是语感的个体性特征，为语文教学提供了可能。

---

① 赵梅艳. 多媒体技术在高中语文外国文学作品阅读教学中的应用[J]. 读与写(教育教学刊)，2019(12)：96.

4. 语感的后天性

语感的后天性指言语主体在长期的言语信息交流实践中，通过逐渐积累、建构而形成感知言语的能力。也就是说，作为一种能力，语感不是与生俱来的，它并不神秘，可以在长期的言语实践和反复的言语操作中日积月累而形成。每个人都有母语，正常的人对母语一般都具有语感，但语感有深浅之分。浅层语感是人们在言语交际中自然形成的、近乎单纯生理心理的言语感觉，是言语主体共有的；而深层语感是长期的言语实践和反复的言语操作的产物，是语感的较高级阶段，是语感水平较高的言语主体所特有的。

语感的直觉性、整体性等属性给语感培养带来了天然的阻力，有的研究者甚至认为语感"只可意会，不可言传"，给语感披上了神秘的色彩。其实，语感并不神秘，它完全可以被认识、捕捉、把握和培养。比如，儿童学讲话，并不是接受词语、嵌入记忆和用嘴唇咿呀模仿的过程，而是语言能力随时间和练习的增长的过程。听到的话不只是告诉我们些什么，还有助于心灵更容易理解过去从未听到过的东西；听到的话会使很久以前听到过的，但当时似懂非懂或者完全未懂的内容变得清楚明白；此外，听到的话还促使听者把词语越来越多、越来越快地转入记忆，同时越来越少地把它们当作空无内容的声音放过去。其实，不仅儿童如此，成年人也是在后天的言语实践中循序渐进地积累和培养语感的。对于学生来说，必须经过长期的听、说、读、写的实践，反复接触大量鲜活的言语现象，言语结构、情感规律等才可能在大脑中逐步积淀下来，然后逐渐形成良好的语感。

语感的后天性特征表明，语感的培养有一个从模糊到明晰、从板滞到鲜活、从单一到丰富、从量变到质变的漫长过程。同时，语感的后天性也是实施语感教学的重要理论基础。

二、语感教学的含义

本研究的目的不是研究语感，而是通过界定语感的本质含义和分析语感的特征，为语感教学提供依据，并最终指向中学语文的语感教学，因此有必要弄清语感教学的本质含义。

既然语感是一种能力，是学生在教师的指导下，在长期的语文学习和实践中积累起来的具有稳定性的言语活动中的心智技能，那么，语感教学就是以言语本体论哲学为基点，以学生对言语作品积极主动的感悟自得为主要方式，在教师的启发引导下力求达成培养学生的言语能力和培植学生的精神人格为终极目的的一种教学活动。它涉及作为教学主体的学生、教学客体的言语和终极教学目的。

（一）语感教学是以学生为主体的教学

众所周知，学生是教育教学活动的对象，从这一意义上说，学生是教学的客体，但与其他客体不同，他们是具有主观能动性的活生生的人；同时，学生又是学习的主体，他们不是被动、消极地接受知识，而是在积极、主动地和其他认识客体交往的过程中，把握事物的本质，形成自己的经验，在认识客观世界的同时，改造自己的主观世界，促进自身的发展。

语感教学强调尊重并促进学生在语文学习中主动性、积极性的发挥，是以学生为主体的教学。在语感教学中，教师指导、启发学生以自己的各种感官去品味、探究言语作品，引导学生结合自己的生活经历、生活体验，去体察语言的意蕴、情感和韵味。语感教学注重创设真实的言语情境，广开学生的言路，在生动活泼的言语交际实践中切实提高自己的语文能力。语感教学也非常关注学生的个体差异，把学生的差异当作一种教学资源，促进学生在原有的基础上提高、完善自我，并激发他们进一步学习的积极性。语感教学还尊重学生对言语作品的多元解读，不以标准答案或其他条条框框束缚学生的心灵，扼杀他们的创造力和想象力，从而发展他们的创造性思维。

（二）语感教学是以言语为对象的教学

现代语言学的奠基人、瑞士著名语言学家索绪尔首次对语言和言语进行区分。他指出，语言和言语活动不能混为一谈，它们是两种绝对不同的东西。语言既是言语机能的社会产物，又是社会集团为了使个人有可能行使这一机能所采取的一套必不可少规约，语言是每个人都具有的东西，同时对任何人又是共同的，而且是存储在人的意志之外的。与此相对，言语活动是多方面的、性质复杂的，同时跨着物理、生理和心理几个领域，是个人的意志和智能的行为。言语中没有任何东西是集体的，它的表现是个人的和暂时的。简言之，语言是人类最重要的交际工具和思维工具，是社会化的一种规范的符号信息系统；而言语是使用语言工具进行交际的过程，是个人的心理现象。

对语感本质的不同认识决定了对语感之“语”的不同理解。吕叔湘认为“语感是个总的名称，包括语义感、语法感和语音感”。“包括语义感、语法感和语音感”的说法显然是把语感之“语”看作语言，这与其语言学家的身份是密切相关的。叶圣陶提出“语感是对于语言文字的敏锐的感觉，是对于语言文字的正确丰富的了解力”。“语言”和“文字”并列，表明此处的“语言”指的是口头语言，即个体的言语，这与他对“口头为‘语’，书面为‘文’”的“语文”解释也相符。因此，叶圣陶实际上认为语感中的“语”是“言语”，用“语言”来表述只是习惯使然而非科学的概念。

语感之“语”是言语，因为除非是语言学家专门研究语言和学习中查阅字典、词典和语法书，人们在现实生活中接触到的都是言语。比如：听说活动，无论课堂上的还是生活中的，都是具体语境下个体的言语实践活动；阅读活动，无论是议论文、说明文还是文学作品，无论是有意识、有目的地阅读还是无目的地浏览，阅读对象都是确定的言语材料；而言为心声的写作更是个体表情达意、传递信息的言语载体。

语感之“语”是言语，这就决定了以语感培养为核心的语感教学，不是着重呈现语言、文字、文章、文学等的语文理论知识，而是言语及由言语有机整合而成的富有生命情致的言语作品。

（三）语感教学培养学生的语言感受力和表达能力

20世纪的人类教育观经历了由知识本位、能力本位到人本位的转变，注重人自身的发展。国外语言教学的发展历史也清晰地呈现出一条由注重传授语文知识、文学熏陶到注重语言实际运用的运动轨迹。语感教学积极吸收主体性教育、人本主义教育等现代教育思想，确立"以人为本"的教学观念，把培养学生的言语能力和构建学生的精神境界作为教学的终极目的。

基础教育的主要任务是为每个学生的发展奠定基础，而言语能力是一个人感受和认识世界的基础，深刻地影响着人的思维方式和生存方式，影响着人的成长和发展。《全日制义务教育语文课程标准(实验)》提出的一项基本要求就是"语文课程应培育学生热爱祖国语文的思想感情，指导学生正确地理解和运用祖国语文"，"使他们具有适应实际需要的识字写字能力、阅读能力、写作能力、口语交际能力"。因此，培养学生生存、发展必需的言语能力成为语文教学义不容辞的责任。

语感教学关注学生言语能力的形成和发展。语感教学的主要对象是言语尤其是言语作品，在教学实践中，教师引导学生对言语作品进行积极主动的感知、领悟和体验，与作品、作者进行平等、深入的对话，在长期的听、说、读、写的言语实践中掌握言语运用的方法、方式、技巧，形成言语能力。语感教学不仅注重学生当前言语能力的培养，还强调他们言语学习的方法及自我评价的能力等语文能力的培养，使他们养成良好的语文学习习惯，为学生的终身学习和发展提供可能。

在语感教学中，教师不仅注重历练学生的言语能力，而且善于引导学生透过言语的表面，探求言语作品内部更为丰富、深刻的"意"。语文学科具有浓郁的人文性，语感教学充分体现了这一点。教师指导、帮助学生与言语作品、作者展开对话，把握其深层含义，充分挖掘言语作品丰富的生命意识、文化底蕴，使学生在潜移默化中受到熏陶感染，精神、情感与道德得以建构和提升。

第二节　语感教学在高中语文教学中的作用

新课标要求语文教学不能缺少语感能力的培养，必须将其视为语文教学的核心内容。在许多的教研活动中，语感能力的培养经常被提及，大量的教学研究报告都有加强语感能力培养力度的内容，但是，在实际的教学活动中，仍然有很多教师忽视了对学生语感的培养。语感是语文综合能力的重要组成部分，只有拥有较好的语感，学生才能在语文学习的过程中理解文本中字和句的含义，从而对文本有深刻的理解，了解作者所要表达的思想感情。

一、语感培养对母语教育的重要性

作为中华儿女，我们学习的母语是汉语，而学生语感的培养可以促进母语学习，因此，语感培养对母语教育有重要作用。母语的学习大致包括三个阶段，分别是学前习得、学校习得、社会习得。在学前习得阶段，儿童还没有进行系统的学习，母语的学习通过模仿成人来实现。在这个过程中，语感帮助儿童正确理解和模仿成人的语言。在学校习得阶段，学生开始接受系统的语言教育，学习艺术性的语言表达。在社会习得阶段，人际交往离不开语感，语感可以帮助人们理解对方话语表达的意思和目的，帮助人们组织语言，合理地表达自己的观点。在人际交往的过程中，说话如果只依靠语法、语义法则，语言就会显得十分刻板空洞，缺乏艺术性和感染力。我们从母语习得的三个阶段可以看出语感的重要作用，它不仅是我们学习母语的重要工具，也是我们运用母语进行正常的社会交往的桥梁。

二、语感是语文知识和能力的综合

语感是语文知识和语文能力的综合。一方面，语感培养对语文知识的教学有一定的决定作用。在语文教学过程中，语文知识的选择十分关键，必须和语感的培养紧密地联系起来[①]。因此，语感的培养是语文教学内容选择的重要依据。另一方面，语感的培养有利于学生语文能力的培养。语感能力是语文能力的重要组成部分之一，并且处于核心地位。有

① 刘一凡.中学生语文学科素养培养与体系构建[J].北京师范大学学报(教育科学版),2019(1):56－58.

研究者认为，掌握语文知识本身不是最终目的，目的在于服务于培养和提高语感的品位，为此，语文知识的教学要通过恰当的材料，有效地作用于学生的感觉，从而附着于他们的语言能力结构。因此，语感是语文知识和语文能力的综合，在语文教学中占有重要的地位。

三、语感对情感态度和价值观培养的重要性

语感的培养对学生树立正确的情感态度和价值观有重要的意义。在语文教学中，语感不仅能够帮助学生理解字词句的含义，更重要的是帮助学生感受作者文字中蕴含的思想感情，走近作者，走进作者所处的那个时代，接受灵魂的洗礼和精神的净化，提高思想境界，陶冶情操，树立正确的情感态度与价值观。语感是在具体的语言情境中产生的，学生对语言的感知是建立在具体的语境中的。因此，在培养语感的时候，学生能够对语言蕴含的思想感情有充分的理解，这有助于学生价值观的确立。除此之外，语感的培养是具有主体性的，不同的个体经验会导致语感的不同。即使母语相同，如果个体所处的时代、民族不同，接受的教育不同，语感就会有差异，那么情感态度和价值观也会不同。

第三节　高中语文语感教学的策略

《普通高中语文课程标准》中要求“每个学段的阅读教学都要注重朗读和默读，有利于积累和培养语感”。这一要求将语感培养提到了非常重要的地位，让我们知道了语感培养的重要性，所以语文教师要改变传统的语文教学方式，加强语感能力的培养。

一、揣摩和品位文章内涵，从而培养语感

要用心理解语言文字，用心揣摩和品位文章内涵，这是培养语感的重要方式。只有真正地理解，真正地揣摩到文章的精神、才能培养出语感，才有利于语感能力的提升。

二、教师的语感水平是培养学生语感能力的前提条件

语文教师要在语文教学中培养和提高学生对语言世界的准确认识，让学生形成良好的语文素质。语感是语文素质的核心，语感的培养是语文教学的重要目标。加强语感教学是语文教师的责任，因此语文教师的语感水平会直接影响培养学生语感的能力。学生真正地掌握语言，首先必须感受人文内容，进而真正地领悟语言的表达方法。作为一名高中语文教师，要不断提高自身的语言素质，不断提高自身的文化品位，只有自身的语感能力足够强大，才能有效提高学生的语感能力。

教师要充分认识到语感教学的重要性，这样才会有意识地进行语感教学。教师在培养学生语感能力中起着非常重要的作用，他们要组织和指导学生们学习语言。“学习语言”是指通过对语言材料的感受和领悟，从而提高语文能力，所以说教师的语感水平在培养学生语感能力方面起着非常重要的作用。

三、在朗读与想象中培养语感

语文教材中的课文，都是经过精心挑选的非常具有代表性的作品。每篇文章句式结构一定非常严谨，情感内容也会非常丰富，所以这些经典文章就需要学生“美读”。在阅读教学中，语文教师应该让学生反复朗诵和品读，从而提高学生的语感水平。朗读和揣摩是培养语感的重要方式，只有通过朗读和想象，才可以使语言文字更生动形象，才会让学生产生语感，从而产生身临其境的感觉。

四、积累词汇，夯实语感学习的基础

语感能力的培养，需要对大量词汇进行存储，所以在学习语文的过程中，学生要重视言语材料以及词汇的积累。学生可以通过课内以及课外的书本进行词汇积累。首先在平时阅读的时候，要真正理解每个词汇的含义，并且要结合上下文，弄清楚词语在文章中的真正含义以及被赋予的

感情色彩[①]。其次在生活中，学生通过日常的听广播、听新闻以及与人交谈，把听到的新鲜词汇记录下来，并且根据其内容进行分类，以便日后进行反复学习。

现代语文教育中，教师更注重分数的多少，很少认识到语文教学的真正目的，因此，他们无法实现语文教育的真正目标。语感的培养，为语文教学提供了一个新的方法和思路。语感教学具有科学性和人文性，在高中语文教学中，要充分重视和培养学生的语感能力，这将会是以后语文教育的重要途径，也会将语文教育带到一个新的层面。

① 刘树江，王家涛，刘子铭．浅谈微课在高中语文诗歌鉴赏教学中的运用[J]．科技资讯，2019(28)：147－149．

第五章

高中语文主体参与式教学研究

第一节 主体参与式教学概述

一、主体参与式教学的基本内涵

主体参与式教学是现代教学理念的具体体现。主体参与的概念是建立在主体性、发展性教学这些概念的基础上的，搞清这一概念的内涵是进行主体参与式教学探索的基础。

学生主体参与就是指学生在教学活动中的投入，是学生作为主体而发出的参与行为，即学生作为学习和发展的主体，在教学全过程中主动、创造性地参与学习活动并达到一定的质和量。所谓“质”，是指学生主动参与学习的程度。参与可分为三个层次：①浅层次参与。浅层次参与是学生的感性参与，是学生从依赖性向主动性转化的起点，是实现后两级参与的基础。②中等层次的参与。中等层次的参与即理性的参与，从感性参与走向理性参与，学生的思维已具备独立性和自觉性，表现为有目的、有意识地去认识世界。③深层次参与。深层次参与是创新性的参与，表现为学生善于探索，勇于实践，敢于求新、求异。主体参与的“量”指在教学过程中学生参与的时间和机会，它是“质”的保证。

主体参与式教学，就是在教师的引导下，学生进入教学活动，自主、主动、创造性地完成教学任务的一种倾向性表现行为。主体参与式教学实质上是在教学中解放学生，使学生获得主体性的发展。具体来说，就是学生作为主体参与课堂教学的全过程，包括教学目标的确定、教学内容的选择、教学方法的设计、教学评价的实施等；学生是课堂的主体，要确保他们在课堂活动中的主体地位；整个教学活动中应把培养学生的主体意识和能力放在首位；师生之间的关系必须是民主、平等、合作的，学生在课堂上是与教师平等的参与者。主体参与式教学绝非简单地让学生举举手、动动口，而是教与学双边互动的实践过程。教师要引导学生从认知、情感与行为各方面都积极地投入教学活动，即“全部沉浸”，而不只是“颈部以上的学习”。

主体参与式语文教学，是现代语文教师应有的新的教学理念。主体参与式语文教学是集知识掌握、创造性培养和个性养成为一体的一种综合教学模式。在语文教学过程中，通过教师采取各种教学措施，从而激发学生的学习兴趣，促进学生在整个教学过程中主动参与、全员参与和全程参与，最大限度地发挥其自主性、能动性和创造性，使学生真正成为“语文学习的主体”。

二、主体参与式教学的基本特征

（一）教学过程的主体性

人的主体性是他作为社会活动主体的本质属性，主体性的发展与提升是生命的核心问题。主体性的特征表现为独立自主性、自觉能动性和积极创造性等方面。独立自主性是主体在活动中对行为的自我把握；自觉能动性是主体在活动中个性能力的主动展现；积极创造性是主体在活动中追求新颖性、独特性的自我创造力的体现。人的主体性在活动中生成、发展、完善，不断地借助各种活动巩固、强化并在新的基础上重新确立。离开主体的参与就不可能有主体性的形成与发展。因此，只有让学生参与语文教学过程，才能充分发挥学生的自主性、能动性和创造性，使语文教学成为解放学生的心灵和才能，激发其想象力、感知力和创造力的过程，使学生真正成为语文课堂教学活动的主人，从而发展其主体性。

（二）教学过程的实践性

主体参与就是指学生积极主动地参加各种教育教学实践活动。主体是有意识、有实践能力的人，参与就是实践。人们只有参与实践活动才能认识和改造世界，学生学习要靠个人自身的实践活动，主体参与是这种学习实践活动的基本形式。学生不是知识的“容器”，而是社会的、现实的、活生生的、富有情感的、最具有创造力的人[①]。一切教学措施及手段都是为了学生的发展而选择和设计的。主体参与式教学要求语文教师创设主体性活动的环境，在语文实践活动中，激发学生的参与意识，培养学生的参与精神和参与能力。语文能力和其他任何能力一样，只能在实践中习得。因此，语文教师要给予学生充足的时间，让他们充分地读书、讨论、交流，在读和练的实践中，培养语感、陶冶情操、提升能力，成为社会进步的积极参与者。

（三）教学过程的互动性

互动主要是指教师与学生之间、学生与学生之间的信息交流、活动交往、相互作用、教学互动。只有在民主、平等、和谐的教学氛围中，才能激发学生的学习动机，让学生积极主动地参与教学过程，通过教师和学生、学生和学生之间的交流、互动、互助、互促，实现教学目标。认识既不是起因于一个有自我意识的主体，也不是起因于业已形成的（从主体的角度看）、会把自己烙印在主体之上的客体，而是起源于主客体之间的相互作用。所以在语文教学中，要善于激发学生的学习热情，让学生积极参与学习过程，通过师生、生生、师生与文本的互动、交流，使学生产生思维的碰撞，灵感的顿悟，从而有所创新。

（四）教学形式的开放性

主体参与式教学的开放性是指在教学中不拘一格，充分发挥师生的聪明才智，完成教学过程的创造。教学形式的开放主要体现在创立民主的教学环境，使学生有一种“心理自由”，敢于参与、乐于参与。教师要以平等的姿态与学生交流，充分发扬教学民主，形成不唯师、不唯书，勇于向

① 秦娇风.构建新时代的高中语文高效课堂[J].中国新通信，2019(19)：208.

权威挑战的风气，从而培养学生的创新素质。在语文教学过程中，教师要尽量撤去条条框框，放手让学生讨论争鸣，努力营造有利于学生主体精神、创新意识、创新能力健康发展的教学环境，使每个学生都能心情舒畅地参与。

第二节 主体参与式教学的理论基础

一、主体性教育理论

主体性教育在我国发端于20世纪80年代初期，是一种培育和发展受教育者的主体性的社会实践活动。它以受教育者的主体性成长为宗旨，强调承认并尊重受教育者在教育活动中的主体地位，将受教育者真正视为能动的、独立的个体，以教育促进他们主体性的提高与发展。其关键是受教育者主体性的培育与发展。教育的基本功能是把人类所创造的文化科学知识或经验"内化"为个体的精神财富，发展和提高他们的主体性，造就未来社会的行为主体。现代教育培养的人应该是有主体性的人，只有这样的人才能主动、积极地参与社会生活，并为社会进步做出贡献。因此，教育应以培育人的主体性为根本任务。

主体性的发展主要取决于两个方面：一是外部世界对个人才能的实际发展所起的推动作用；二是主体自身的条件，包括人主动发展自身的意识及驾驭外部世界的能力，即主体意识和主体能力。主体意识和主体能力是在教师的主导作用下，在学生自身不断地参与学习活动的实践中形成，并得到强化和完善的。

主体意识，是指作为认识和实践活动主体的人对于自身的主体地位、主体能力和主体价值的一种自觉意识，是主体自主性、能动性和创造性的观念表现。学生主体意识的强弱，对于其主体性发展至关重要。学生的主体意识愈强，在学习活动中的自觉性愈大。因此，学生主体意识的强弱决定着学生主体对自身发展的自知、自控、自主的程度，最终影响其主体性的发展水平。

要使学生的主体性得到充分发展，仅有主体意识是不够的，还需要与之适应的能力，即主体能力。主体能力，就是主体能动地驾驭外部世界，从而使自身主体性得以发展的能力。学生的主体能力需要不断汲取前人的文化知识经验，在学习活动中发展和提高。学生的主体能力愈强，就愈能充分利用外部条件去发展自身，从而发展主体性。

综上所述，主体性教育理论要承认受教育者的主体地位，尊重其主体尊严，提升其主体意识，重视其主体能力的培养。因为教育对人以及社会的发展所起作用的大小，基本上取决于它能够在多大程度上培养出具有主体性的人来。因此，培养人的主体性是教育的最高目的，主体性教育思想是整个教育活动最根本的指导思想。

既然主体性教育思想是整个教育活动最根本的指导思想，那么，也应是语文教学的根本指导思想。它对语文教学的指导意义是可以改变教师主导课堂、学生被动应付的局面，强化学生在语文学习中的主体地位。学生的听说读写能力是在语文实践活动中形成的，这就要求教师给学生创造更多的参与学习活动的机会，唤起学生发自内心的主体意识，使学生自始至终保持自觉、主动、热情的学习状态，从而真正成为语文学习活动中的主体。

二、建构主义理论

建构主义的核心是研究学习者的知识建构机制问题，强调学习是学习者主动建构意义的过程。建构主义提倡在教师的指导下以学生为中心的学习。学生通过一定的情境（即社会文化的背景），借助他人（教师和同学），利用必要的学习资料，通过意义建构的方式获得知识技能，因而“情境”“协作”“对话”和“意义建构”成为建构主义学习理论的四大要素，其中“意义建构”尤为重要。建构主义的特征：①学生是意义的建构者，而不是知识的被动接受者和灌输的对象；②教师是学习的组织者、指导者，意义建构的帮助者、促进者，而不是知识的提供者和灌输者；③教材不再是传授的唯一内容，而是建构的对象；④媒体不是帮助教师传授知识的手段、方法，而是用来创设情境、进行协作学习和方法交流的辅助手段，即作为学生主动学习、协作、探究的认识工具。

在建构主义认识论的基础上，教学过程被认为是学习者在教师的协助下建构意义和理解的过程。在整个教学过程中，以学习者为中心，教师起着组织者、指导者、支持者和促进者的作用，利用情境、协作、对话等要素，充分发挥学习者的主动性、积极性和创造性，使学习者有效地完成对所学知识的意义建构。

建构主义的核心是强调学生主动建构知识的意义，教师不能代替学生去学习。建构主义学习理论从学生的实际出发，强调学生在认识过程中根据自身的知识背景及信念等认识客观世界①。其本质是发挥学生的主体性，即只有当学习者成为学习活动的主体，积极主动地参与学习过程，真正意义上的建构过程才能形成。

建构主义特别重视教学中师生、生生之间社会性的相互作用，认为每个人都以自己的经验为背景建构对事物的理解，因此只能理解到事物的某一方面，不存在对事物的全面理解。教学要使学生超越自己的认识，看到那些与自己不同的见解，看到事物另外的侧面。而通过合作和讨论，可以使学生相互了解彼此的见解，学习者群体的思维与智慧就可以被整个群体所共享，即整个群体共同完成对所学知识的意义建构。

建构主义给教学带来了新的理念，给语文教学以有益的启示。语文教师应尊重学生的主体地位，语文教学应变单纯知识传授为学生自己主动建构知识。语文这门学科具有较强的灵活性和模糊性，由于每个人的阅历、价值取向、审美标准不同，因而对同一篇文章的理解往往不尽相同。所以，语文教师不要强迫学生去契合文章的思路，而是要创设与现实相类似的教学情境，激发学生主动参与学习的过程，通过教师与学生、学生与学生、学生与文本的对话的，让学生自己去感悟、品位、鉴赏，从而自己获取知识。

① 朱小红.高中语文教学中微课的有效应用[J].西部素质教育，2019(18)：108－109.

第三节　主体参与式教学的操作策略

一、建立良好的师生关系

卡尔·罗杰斯在《学习的自由》一书中认为“人际关系”在教学活动中起着十分重要的作用。教学中的人际关系是指师生之间、生生之间的相互理解、相互协调、相互支持。因此，我们要十分重视师生关系，它是实现学生主体参与，进行高效率学习的重要保证。

师生关系主要有两种情况：感情融洽、彼此协调的师生关系有利于调动学生的积极性，促进学生学习成绩的提高；反之，感情不融洽、彼此不协调，学生的学习积极性会受到压抑，不利于学习成绩的提高。

为此，在语文教学活动中，必须建立良好的师生关系。因为民主、和谐的师生关系是教育教学活动中学生生动活泼、积极主动发展的基础，也是实施素质教育、实现主体性教学的前提和支柱，更是培养创新精神的不可或缺的氛围。事实证明，只有教师在课堂上发扬民主，创设和谐气氛，学生才能有主人翁意识，从而使心情愉悦，求知欲旺盛，思维活跃；学生群体才能有群情激动、跃跃欲试的热烈气氛；学生的创新欲望和创造行为也才能得到激活。只要把学生的热情激发出来，那么学校规定的课程就会被当作一种礼物来接受。和谐的师生关系的关键因素是教师，这就要求教师做到以下四点。

（一）树立正确的学生观

学生观，是对学生的本质属性及其教育过程中所处地位和作用的看法。有什么样的学生观，就会产生什么样的师生关系，要建立和谐的师生关系，就必须确立正确的学生观。

正确的学生观是建立在对学生本质属性的正确认识基础上的。学生作为独立的人，虽然从教育和教学过程的组成来说是教育的对象，处在教育客体的地位，但是，从整体教学过程的进行及个体的发展来说，学生才是学习活动的主人，是发展的主体。

学生虽然是教育对象，但和其他社会实践对象不同，其是具有自主性、能动性和创造性的活生生的人。学生是一个独立的个体，有自我观念、自尊心，有自己的需要、兴趣、爱好、追求和个性等主观意识。在这种主观意识支配下，学生不是消极被动地接受外界环境影响，而是有一定的主动性、能动性。表现在教育过程中，学生接受教育是有选择的，对不同的教育内容、教学方法，甚至不同的教师，都会做出不同的反应，或是产生积极的接受态度，或是产生消极的抵制态度。从学生作为一个独立的人的角度看，他们有权利在教学中提出自己的正当的要求和合理的建议。

总之，在教学过程中，教师必须放下权威者的架子，树立学生是学习的主体、发展的主体，是未来社会的主人的学生观，这样才能构建民主、平等、自由的新型师生关系。

(二)尊重学生

人本主义心理学强调学习过程中人的因素。所以学习论的基本原则是必须尊重学习者，必须把学习者视为学习活动的主体，必须重视学习者的意愿、情感、需要和价值观。因为尊重信任学生是促使学生积极向上的内在动力[①]。在语文教学过程中尊重学生具体表现为：首先，教师心中有学生，遇事和学生多讨论、多商量。每一篇课文，从教学目标、教学内容到教学重点、课时安排，以至具体的教学方法，都应同学生商量，尽可能达到师生间认识的统一。其次，尊重学生自己的思维能力。教师要尊重学生提出有益问题的能力，尊重他们提出有意义而且有见解的推测的能力，尊重他们通过更合理、更适当地用脑而不是靠记忆进行学习的能力。再次，尊重学生的选择和判断。教师要鼓励学生对语文知识的答案做出选择和判断，而不是由教师匆忙给出结论。总之，只有充分信任、尊重学生，才能求得心灵沟通，师生彼此才能理解、信任和合作。

(三)师生平等

传统的师生关系实质上是一种以教师为中心、忽视学生主体性的

---

① 孔祥飞.新媒体环境下高中语文的教学研究[J].信息记录材料，2018(11)：161—162.

"主一客"关系。在这种关系中,学生被看成教育的客体与对象,只能被动地服从教师的权威,是一种不平等的师生关系。新型的师生关系是一种互主体性关系,在这种关系中,师生双方在教学中的地位是平等的,双方都有完整的个性。在教学活动中,谁也不能控制、操纵谁,或者把意志强加给对方,而是一种平等、关心、支持、帮助的关系。这就要求教师由过去的"主宰者"变成学习的引导者、激励者、点拨者,以平等的心态对待每一个学生,不能只青睐少数"尖子生",而无暇顾及后进生,要给学生平等参与的机会,要爱护而不排斥、说服而不压服、启发而不包办。

只有在这种平等的师生关系中,教师才能真正体会到学生的需要和选择,理解、尊重学生,从而促进学生的发展。

(四)及时鼓励

赞赏能使人心情愉悦、信心倍增,从而增强排除万难的勇气。作为教师不要吝惜自己的表扬语,多给学生些适度的鼓励,定会产生事半功倍的效果。

作为教师,应运用多元智能理论,善于发现学生语文学习过程中的闪光点,及时肯定、鼓励,从而最大限度地调动学生的积极性,促使他们肯定自我,超越自我。学习成绩差,但语言表达能力强是闪光点,教师应积极赞扬;学习成绩平平,但想象力丰富是其闪光点,教师应不失时机地予以表扬;学生基础知识掌握不理想,但思维敏捷,这也是闪光点,教师都应及时勉励。

学生的自信心、进取的锐气、活泼的灵性,往往来自教师的肯定、赞美、鼓励。恰如其分的赞美能创造奇迹,能避免批评指责的负面效应,还能给个体以自尊和自信;能使学生不断增强主体意识,向着更新更高的目标迈进。而且教师亲切的鼓励,能起到春风化雨般的作用,可以缩短师生之间的心理距离,融洽师生感情,增进师生关系。

二、激发学习动力和兴趣

(一)激发学习动力

学习动力是直接推动学生学习的内部动力。动机以增强行为的方式促进学习，因此，语文教师必须重视学生学习动机的激发。所谓激发，就是把学习活动中的积极因素充分调动起来，使学生的学习动力从不活跃状态转化为活跃状态。在语文教学过程中，怎样有效激发学生的学习动力呢？

1.进行责任感教育，激发学习动力

对于学生来说，随着年龄的增长，影响其学习的主要因素已经不是单纯的好奇心，信念和理想往往起着支配作用。如果学生树立了远大的理想和坚定的信念，对学习有责任心，必然会产生强大的学习动力，推动其学习；反之，如果缺乏学习责任感，觉得学习无足轻重，那么必将失去学习的动力。因此，在语文教学过程中，教师有必要对学生进行学习责任感教育，让学生认识到学好语文对于塑造人性、传承文化、提高人们的审美水平，乃至对于整个社会的文明进步都有着不可低估的作用。如果能把这种外部要求转化为学生的内在需要，就一定能增强学生的学习责任感，提高其学习动力水平。

2.明确学习目标，激发学习动力

在很多情况下，部分学生缺乏学习的积极性和主动性，这是因为他们不了解要学什么和怎样学。因此，教师要根据教学大纲的要求，并考虑学生的具体情况，帮助学生明确学习目标，明确努力的方向。高层次目标的确立有利于激发人的潜能，增强远景性动机。学生不仅要有阶段性目标、近期目标，而且还应有长远目标。要实现长远目标，必须从阶段性目标开始。这就要求语文教师在讲授一节课之前，让学生知道具体的目标和要求，以及教学内容在实践中的应用价值和在整个知识体系中所占的地位，这是调动学生学习积极性的有力举措。因为只有当学生明确了学习目标和学习的重要性之后，才会产生强烈的探求欲望，从而自觉主动地学习。

3.引导学生正确归因，激发学习动力

在学习过程中，学生都会体验到成功与失败，同时还会寻找成功与失败的原因，这就是对行为的归因。当学生遭遇困难或挫折时，如果不能正确归因，就会导致学习语文的动力减弱。由于这种归因会影响下一步的学习，因此引起了很多研究者的高度重视。

海德对归因问题进行了细致的研究，把行为归结于内部原因和外部原因。内部原因是指存在于行为者本身的因素，如努力、能力、兴致、态度、性格等；外部原因是指行为者周围环境中的因素，如任务的难度、外部奖赏与惩罚、运气等。

后来，罗特根据“控制点”把人划分为“内控型”和“外控型”。内控型的人认为自己可以控制周围的环境，无论成功还是失败，都是由于自己的能力和努力等内部因素造成的；外控型的人感到自己无法控制周围的环境，无论成败都归因于他人的压力及运气等外部因素。

(二)激发学习兴趣

兴趣是人们力求认识某事物或从事某种活动的心理倾向。心理学研究表明，参与兴趣的水平对学习效果能产生很大影响。一般来说，如果学生对所学的知识感兴趣，他就会主动深入地、兴致勃勃地学习这方面的知识，并且广泛涉猎与之有关的知识，遇到困难时会表现出顽强的钻研精神；否则就只是表面地、被动地去掌握所学的知识，遇到困难时往往会丧失信心，裹足不前。所以说，参与兴趣是推动学习的一种重要心理因素。

学生对某些知识产生兴趣就表现出学习积极性或称自觉能动性。这种态度通常可以从学生的注意状态、情绪状态和意志状态三方面进行考察。具体来说表现在学生注意听讲、注重看书、注意对教师所提的问题进行思维；在完成学习任务时是热情的，具有积极的情绪态度；在从事学习活动时，对待困难具有足够的意志力，有克服困难的信心、决心、自制性和坚持性。因此，要促进学生学习，就必须激发和培养学生的参与兴趣。

传统语文教学没有真正以学生为主体，以发展为本位，学生的参与兴趣受到压抑，致使教学效率低。要实施主体参与式教学，提高教学效率，激发学生的参与兴趣尤为重要。

1. 创设情境

参与兴趣总是在一定情境中产生的。创设情境就是指创设与教学内容相适应的具体环境氛围，激发学生的参与兴趣，引导学生入情入境。要以直观的形象触发学生的想象、联想，以生动的情境引发学生心灵的感知，情感的共鸣，从而达到对作品的深层理解与感悟。

创设符合学生多方面发展需要的、充满美感和智慧的环境，使优化的环境与学生的情感、心理发生共鸣，促使学生全身心沉浸其中，通过自身的感悟、体验、探索、发现，得到充分主动的发展。只有在具有形真、情切、意远、理寓其中的教学活动中，学生才会主动参与、主动发展。

2. 巧设疑问

常言道："学起于思，思源于疑。"学贵有疑，有疑才会有思，有思学问才会长进。要激发学生的参与兴趣，教师不应该只传授结论性的东西，而应引导学生从被动地接受和死记硬背中解放出来，转而积极主动地学习。引导之法贵在善问，因此教师要巧设疑问，拈弓搭箭，引而不发，让学生带着疑问，去急切地进行探索。

3. 体验成功

苏霍姆林斯基说，成功的欢乐是一种巨大的精神力量，它可以促成儿童好好学习的欲望。而学生缺乏主动参与学习的兴趣，一个重要原因就是因为他们缺少成功的体验。

教师不仅要教育学生为完成任务而刻苦学习，还应让学生通过成功的体验，不断激发学习的兴趣。例如，一个学生初学语文就感到困难，他坚持学习，只是认识到学习语文的重要，但对语文本身并不感兴趣，这时他主要靠意志努力来完成学习的任务。但如果他努力学习，并取得了好成绩，体验到了成功的快乐，他就会逐步对语文学习产生兴趣，这时就不再以学习语文为苦，而以学习语文为乐，只有这时，学生学习的积极性才能更好地发挥出来。正如孔子所说：知之者，不如好之者，好之者不如乐之者。

让学生意识到自己的进步，学生就会在愉悦的情绪中产生渴求学习的愿望，从而更加积极主动地参与学习。这就要求教师在语文教学中做到，该由学生自己去探索的知识，就放手让学生自己去探索，该由学生自己获得的知识，就尽量让他们自己去获取。学生在探索过程中受阻时，教师只做适当的提示和暗示，让学生体会到所学会的知识是自己“发现”的、自己“创造”出来的，使其体会到自己的成功和进步，从而激发参与的兴趣，增强主动学习的积极性。

4. 以情激情

由于受“应试教育”的影响，有的语文课成了解题的“操练”课，情感熏陶被淡化。原本富有人文性、鲜活生命力的课文被肢解得支离破碎，索然无味，致使学生的学习兴趣、参与热情大大降低。

学生是富有生命活力的人，本身具有一种情感潜势，这种潜势在外界刺激下就会引发出来。因此，教师要挖掘教材本身蕴含的情感，用生动逼真的体态，带有浓郁情味的话语，饱含激情的语气，启迪学生，引发学生的情感潜势，产生一种情感共鸣的语境，使学生为之所感，为之所动，从而转化为良好的学习动机。

第四节　主体参与式教学的价值效应

长期以来，传统教学强调“教师权威”，学生被放在了客体的位置，对主体参与关注不够，学生学习和发展受到束缚。为此，在语文教学中创设民主氛围，使学生主动参与教学，对于促进学生全面发展有着重要的实践意义。

一、有利于体现学生主体地位

以往的语文教学，大多以教师为中心，教师的话具有绝对的权威性，学生只是被动地、机械地接受现成的结论，主体地位被大大忽视。主体参与式教学就是要改变这种“唯师是从”的状态，建立一种宽松的、和谐的氛围，确立新型的、平等的师生关系。教师做到“心中有学生”，尊重学生、信任学生、引导学生，让学生能自觉地、独立地参与学习的全过程，学生的主体地位得到充分体现。

二、有利于发挥学生的创造力

传统的语文教学中，往往是教师讲、学生听，教师的垄断性行为使学生循规蹈矩，不敢越雷池一步，缺乏自己的主观分析、判断，创造才能被遏制。

语文教学中，应多给学生积极参加实践以及和教师互相交流的机会。民主、和谐的教学环境是使学生的想象力、创造力得以展现的重要因素。采用“头脑风暴法”，学生的身心不会受到压抑，能够大胆发表自己的不同见解，敢于向权威挑战，敢于求新、求异。积极的求异性、创造性的想象、活跃的灵感，正是创新思维的明显特征。而创新性思维是创新能力的核心，所以要培养学生的创新精神，首先要给学生创设一个宽松、和谐的环境。内在动机原则是创造力的社会心理学基础，当人们被本身的挑战所激发，而不是被外在压力所激发时，才表现得最有创造力。

三、有利于发展学生的个性

传统的语文教学中，学生更多地处于被动状态，不能主动进行自我表现，其良好的个性的形成与发展受到很大的影响。个性不是“委任”的，而是学生在主体参与的活动中逐渐形成的。正如马克思所说，只有在集体中，个人才能获得全面发展其才能的手段，也就是说，只有在集体中才可能有个人自由。集体必须建立在共同活动的基础上，个体在集体中如果消极被动参与活动，集体就不可能成为该个体全面发展的手段。换言之，只有在集体中主动参与，个人才能得到充分、自由的发展。美国哲学家鲁一士认为，如果要我成为我，“成为我想的那个我”，那我就必须不只是单纯的我；我之所以成为我，必须放弃孤立，投身于人群之中；我的自我占有，随时随地都是对我的各种关系的自我投降①。但置身人群中的个体，倘若人云亦云，很可能被无声无息地淹没了，“我”就不会成为“我”。每个学生的生活积淀、文化底蕴、审美情趣千差万别，因此，面对内涵深沉、缤

① 莫燕兰．网络环境下中学语文教学中的文化渗透[J]．西部素质教育，2019(14)：117－118.

纷多姿的文本，教师不应恪守“标准结论”，而应珍视学生独特的感受、体验和理解，让学生见人所未见、发人之所未发，人无我有、人有我新，从而发挥学生的创造潜能，发展学生的个性。总之，只有在与他人的联系中，在主动参与学习过程中，人的个性才能得到一定的发展。

四、有利于培养学生健全的人格

人格是在社会化过程中形成的表现在知、情、意等心理活动各个方面的总体精神面貌。

健全人格的主要特征：情绪成熟健全，保持愉快的心态，乐于承担责任；有独立和自主的意识，乐于自己思考和解决问题；有良好的人际关系和社会适应能力，既承认自己又尊重别人，能体谅别人的痛苦，并用各种办法来帮助他人，具有同人类共祸福的意识。

先天的遗传素质固然是人格发展的前提，但人格的最终形成，则更多地取决于后天的教育、训练和环境影响，有赖于个人的社会实践，其中人际关系起主要作用。为此，只有让学生主动参与到教学活动中，他们才能把教学看成“自己”的责任，而不光是教师的事情。并且在与教师、同学的交往活动中，培养团结协作精神。另外，文学作品的内涵是丰富的，评价也应是多元化的，“一千个读者就有一千个哈姆雷特”，因此教师要引导学生积极主动地参与教学过程，大胆发表自己的不同见解，敢于对已有结论进行合理的“反叛”，消除盲目崇拜，增强学生自主意识。总之，学生只有积极主动地参与学习过程，才能构建健全的人格特质。

第六章

高中语文合作学习教学方法

第一节　合作学习概述

合作学习作为一种有独特优势的学习方式正在语文教学中推广。合作学习有着其他学习方式所不及的长处，但其实施过程对语文教师教学的要求更高。尤其是合作学习实施中的课堂教学管理，比以往的课堂管理难度更大，而组织管理是否有效直接关系到合作学习的效果。

一、合作学习的含义

合作学习于20世纪70年代初兴起于美国，并在20世纪70年代中期至80年代中期取得实质性进展，是一种富有创意和实效的教学理论与策略。由于在改善课堂氛围、大面积提高学生的学业成绩、促进学生形成良好非认知品质等方面成效显著，合作学习很快引起了世界各国的关注，并成为当代主流教学理论与策略之一。

合作学习是一种结构化的、系统的学习策略，由2～6名能力各异的学生组成一个小组，以合作和互助的方式从事学习活动，共同完成小组学习目标，在确保每个人的学习水平得到提高的前提下，提高整体成绩，获取小组奖励。

二、合作学习的基本要素

（一）相互依存关系

要顺利地开展合作学习，避免“搭便车”“小权威”等现象的出现，就要使学生之间建立起积极的相互依存关系。也就是说，每个学生必须清晰认识到自己与组员之间密不可分的关系：第一，组员成功，自己才能成功，反之，亦然；第二，自己的努力是小组成功必不可少的条件，小组的成功离不开每一个人的积极贡献。在合作学习中，小组成员之间有着“我为人人，人人为我”“同舟共济”的依存关系，这是合作学习必备的基本要素。合作学习中，学生的相互依存关系具体体现在共同的小组目标、组员角色互补、资料共享以及共同的奖励方面。

（二）合作的意愿

在合作学习中，学生相互鼓励、支持和帮助，有着为了达成共同的目标、取得良好成绩、完成任务而努力的意愿，以及组内合作、组间良性竞争的态度。具体表现为：相互之间能提供足够和有效的帮助；能诚恳交流所需的信息和材料；相互信任；对彼此观点进行质疑，群策群力。

（三）个体的责任

合作学习的主要代表人物斯莱文、约翰逊等认为，个体责任的存在是所有成员都能从合作学习中受益的关键。个体责任是指每个学生都必须承担一定的学习任务，并对自己和小组工作的最终结果负责。个体责任通常是通过对每个学生表现的评估来体现的，通过反馈评估情况，增强每个学生的责任心。在合作学习中，当每个小组成员明确认识到个人的存在对小组的意义，认识到个人与集体的关系时，才能真正主动参与讨论，克服消极等待或依赖别人的心理。个体责任是合作学习的另一个实质性的条件。

（四）合作的技能

合作学习与竞争性学习以及个体化学习不同，在合作学习中，学生必须同时进行两种活动：一种是作业活动（学习学科知识），另一种是小组活动（在合作的学习形式下学习）。因此，学生只有掌握一定的社交技能，才能进行高质量的合作，从而更好地促进学习。为了协同各种努力以达成共同的目标，学生必须学会：①彼此认可和相互信任；②进行准确的交流；③彼此接纳和支持；④建设性地解决问题。

（五）积极的自评

合作学习小组必须定期评价共同活动的情况，保持小组活动的有效性。它的目的在于帮助小组学会怎样更好地合作，从而提高小组成员的合作学习水平。小组自评主要涉及三个方面的内容：一是总结小组成功的经验，对小组活动中表现出来的好的方面和经验进行总结和归纳；二是对小组活动中存在的问题和原因进行分析；三是对以后小组的发展方向和目标提出明确的要求。当然，在自评中，值得讨论的问题远远不止这些，任何跟合作学习有关的问题都可以在小组自评中进行讨论与交流。通过自评，为每个组员提供一个开诚布公地探讨组员之间关系的机会，这有助于小组成员维持良好的人际关系和工作氛围，增强小组凝聚力。在小组自评中，每个组员都可以得到同伴对自己行为的评价和感想，使每个组员对自己的参与情况有明确的了解。这种积极反馈对自我意识的增强以及合作技能的成熟都很有帮助。

三、合作学习的特征

小组合作学习中，在学习小组内部，学生个体与学生个体之间主要是一种合作关系，学习小组与学习小组之间主要是一种竞争关系。在课堂教学中，小组合作学习的主要特征如下：

（一）组内异质，组间同质

合作学习小组是一种新型的结构——功能联合体，通常由4～6名在性别、学业成绩、个性特点等方面具有异质性的学生组成，尽可能使小组的组成体现一个班级的缩影。每个小组组内体现出合理差异，因此，全班各个小组之间组成了一个大体均衡、可资比较的小组联合体。组内异质保证了组内各个成员在各方面的差异和互补，为学生与学生之间的互助合作、取长补短和优势互补奠定了基础，有利于学生从不同的角度看问题；而组间同质又为全班各个学习小组之间在同一起点和同一水平上展开公平、合理的竞争创造了条件。

（二）任务分割，结果整合

在小组合作学习中，一方面，每一个人都必须为自己的学习负责，小组学习成绩的优劣与个人是否尽责密切相关,小组合作学习将小组的学习任务分解到个人,或者全班任务先分解到小组,小组再分解到个人,使每个小组成员都承担了小组任务中的特定部分,一个人完不成自己承担的任务,不仅会影响自己的成功,还会给整个小组或全班的任务完成带来不利影响。另一方面,在小组的学习目标结构中,小组成员之间在学习内容和学习结果上有很强的相互依赖性,全体小组成员会形成一个"利益共同体",在这个共同体中,一个人的成功并非真正的成功,只有在小组的其他成员也达到学习目标的情况下,自己才能达标。这样的小组合作学习改变了传统的课堂教学中单一的"输赢"关系,在小组成员之间产生了"大家为一人,一人为大家"的"荣辱与共"的积极的关系。因此,在小组合作学习中,学习成绩好、能力强的学生在自己掌握了学习内容之后,就会积极地去帮助其他学生;而学习成绩较为落后的成员,也会尽自己最大的努力去学习,以保证自己所在的小组不因个人的成绩不理想而失败。

(三)个人计算成绩,小组合计总分

在小组合作学习的单元检查、测验和竞赛中,不再允许学生依靠组内其他成员的帮助,而是必须依靠自己的力量来独立完成测验。此外,在统计小组总体成绩之前,首先要计算个人成绩。这就要求每个人都必须依靠自己的努力去独立完成学习任务,为小组做出应有的贡献。

(四)公平竞赛,合理比较

小组合作学习的主要目的是使每一个人都有平等的机会取得成功。为了达到这一目的,一方面,小组合作学习采用的"个体提高分"的计分方式保证了小组内的所有成员无论成绩优劣,都能得到均等的成功机会。"个体提高分"是学生个体在本次测验中的分数比上次测验高出来的分数,它只与自己过去进行比较,而不是与别人比较,给每个学生设立了一个能够达到的目标——只要自己比以前努力,就能获得成功。另一方面,在小组合作学习中,取消了传统的常模参照评价,根据学生的学业成绩,学优生与学优生一起分组测验,学困生与学困生一起分组测验。各测验组每个成员的表现与原属合作小组的团体总分挂钩,学优生组第一名与学困生组第一名均为各自原来的学习小组赢得相同的积分。这种个人在

原来起点上进行合理竞争、公平评价其贡献的做法，最终使得每个学生无一例外地得到了激励和肯定。

（五）分配角色，分享领导

在合作学习小组中，每一个学生往往都具有不同的个性品质：有的善于倾听，有的善于捕捉信息，有的善于澄清事实，有的善于分析问题，有的善于组织活动，有的善于缓解冲突，有的善于组织外交，等等。在小组合作学习中，教师应根据学生不同的个性特点，安排他们扮演适当的角色，让他们承担不同的任务；同时，在不同的学习任务和课题研究之中，学生的角色可以轮流互换。这样，既保证了学习小组成员之间分工明确、秩序井然，又能使个人的优势和特长得以充分利用和彼此协调。

小组合作学习的这些特征，有效地克服了传统课堂教学中只有竞争、没有合作的弊端，通过学生之间积极的人际交往，加强了学生与学生之间的合作、交流和沟通，并以集体促进个体进步，有助于课堂教学效果和质量的整体提高。

四、合作学习的积极影响

在课堂教学中，小组合作学习的重要特征就是对生生互动，即学生与学生之间交流、合作和相互作用的高度重视。在小组合作学习中，学生与学生之间的合作关系比其他任何因素对学生的学习成绩、社会化和身心发展的影响都更有利。在课堂教学中，生生互动对于学生健康成长和发展的积极影响主要表现在以下几个方面。

第一，生生互动影响着学生价值观、态度、能力和认识世界方法的社会化。与学生和教师的相互作用相比，生生互动往往更经常、更亲切、更丰富多变。在生生互动中，学生通过实验和练习，逐渐熟悉各种社会角色，逐渐掌握沟通、理解和合作的技巧，提高社会适应能力。

第二，生生互动有利于学生人格和心理的健康成长。建立和保持与他人相互依赖和相互合作的关系，是一个人心理健康、人格健全的基本表现形式之一。人的心理和人格是在人的活动中，尤其是在人和人之间的相互交往过程中发展起来的。心理学的研究表明，生生互动的频率和强度与学生未来的心理和人格的健康发展有着密切的关系，良好的同伴关系有利于学生的心理与人格的健康发展。

第三，生生互动有利于学生学会用他人的眼光来看待问题，有利于学生获得社交能力。作为未来的社会成员，学生必须学会用他人的眼光来看待问题，学会与同伴密切交往，热心互助，真诚相待。生生互动可以使学生达到与他人沟通的目的，消除畏惧与他人交往的心理，从而得到语言、思维以及社交意识和社交能力的提升。

第四，生生互动提供了更多的主动参与的机会，有利于学生主动性和创造性的发挥。小组合作学习中的生生互动，把学生由传统课堂教学中的知识接受者转变为课堂教学的积极参与者，每个学生都有平等的机会在各自的小组中讨论并解答问题。同时，通过合作学习，可以使学生个体的认识和理解更加丰富、全面，使学生从那些与自己不同的观点和方法中得到启迪，有利于学习的广泛迁移。

第二节　合作学习的教学原则

一、成功机会均等原则

成功机会均等是指学生通过提高自己的成绩来对他们的小组做出贡献。这种学习是标准参照性的，即与自己过去的表现和成绩相比较，而不是常规参照性的。这就保证了所有学生都能尽其所能，而且所有组员的贡献都会受到重视，从而达到使所有学生共同进步的目的。当代教育的核心理念是“关注每一个学生的发展”，每个学生在学习中都应该有平等的发展权利。在合作学习中，教师要在小组组建时将学困生和学优生进行搭配，在小组活动中利用学优生带动学困生学习，激发学困生的学习兴趣，教会学困生学习的方法。同时，教师要充分利用合作学习中设置的基础分来计算提高分，以提高分作为对学生评价的依据，这有利于学习困难的学生获得学习的成就感，并提高他们的学习兴趣。

二、小组激励评价原则

新的评价理念注重学生在评价中的主体地位，强调通过评价使学生学会分析自己的成绩与不足，明确努力的方向；注重形成性评价，强调通过评价使学生获得成就感，增强自信心，培养学生合作精神。而合作学习作为以团体成绩为奖励依据的教学活动适应了新课程标准的要求。合作学习通常不以个人的成绩作为评价的依据，而是以各个小组在达到目标过程中的总体成绩作为评价与奖励的标准。这种机制可以把个体之间的竞争转化为小组之间的竞争，从而促进小组内部的合作，使学生在自己的小组中各尽所能，得到最大限度的发展。以小组成绩为评价依据来决定奖励，由过去对学生个人的奖励发展为面向小组的合作性奖励，这就使得更多的学生获得成功的乐趣，提高了学生合作学习的积极性。

三、相互依赖原则

相互依赖原则是指教师在合作学习中，要为学生创设一个相互依赖的交往环境（包括物质环境和心理环境），使学生的主体性在完成学习任务的过程中得以充分体现，使学生的人格得以完满发展。基本要求如下：

（一）目标相互依赖

教师给每个学习小组提供一个或若干个共同目标，目标的实现依赖于每一个小组成员的齐心协力。这样做，就会使学生希望成功的动机得到强化，因为每一个人不仅是为了自己能获得成功，而且也为了整个小组成员都能成功。这种强烈的动机将会使学生更为积极地参与到教学任务中去，并且尽可能地把每项任务完成得更好。

（二）资料相互依赖

教师让小组成员拥有不同的资料，这些资料可以是信息和设备。在小组中，学生必须分享各自的资料才能成功地完成某项任务。例如，分组阅读中，每个组员分到同一篇阅读材料的不同部分，然后离开自己组与其他组有相同部分材料的同学组成专家组，这个专家组的目标是把这段材料学好，并把其内容教给本组同伴。接着，学生回到各自的小组轮流讲授这部分材料，共同完成整篇材料的阅读任务。这种做法能增进学生之间的交往和互相帮助。

（三）角色相互依赖

教师分配组员（或由小组自行分配）担任不同的角色共同完成某项任务，这些角色是互补的、相连的、可以轮换的，并且每种角色都在组中承担相应的责任。由于每个人都有自己的角色和任务，因而每个学生都有均等的机会参与交流，有均等的机会表现自己和帮助他人，课堂上没有“被遗忘的角落”。这种学习方式，不但增强了学生的责任感、自尊感和归属感，使每个学生都乐意为小组的成功尽心尽力，而且由于焦虑程度降低，学生敢于发表自己的见解，大胆尝试新方法和发挥创造性。

（四）奖励相互依赖

这主要是指在学习小组中，一个或者更多的小组成员的优异表现为整个小组赢得奖励，也就是小组成绩共享。例如，教师为小组提供材料并准备小测验，每个学生的小测验成绩关系到小组的整体成绩，因此，每个学生都必须为小组的整体成绩做出贡献。而学生对小组的贡献，是看他们在小测验中的成绩是否相较他们自己过去小测验的平均成绩有所提高。这样，小组中能力较弱的同学对小组的贡献也可能和能力强的同学一样多，他们有相同的机会为本组取得分数。当每个学生分享给予小组的奖励时，这种奖励是建设性的，它能使学生享受到更多的成功的快乐，并激励他们为继续取得成功而努力施展自己的才能，努力帮助他人也获得成功。

四、最小干预原则

最小干预原则是指当正常课堂行为受到干预时，教师应该采用最简单的、最小值的干预纠正违规行为。如果最小值的干预没有发生作用，可逐步增加干预值，主要目的是既要有效地处理违规行为，又要避免对教学产生不必要的干扰。干预的结果应该是尽可能使教与学的活动继续进行，使违规行为得到较好的控制。

如果让那些出现了行为问题的学生成为教室里注意力的焦点，他们反而会获得成就感,从而得寸进尺。有经验的教师都会以不太引人注意的方式来处理学生的行为问题。他们会在自己的讲课中把学生的名字带进去,被叫到名字的学生自然会得到提醒,而其他学生则可能不会觉察出什么问题来。

五、主体性原则

主体性原则是指在合作学习中充分调动学生的主体性、自主性、能动性和创造性,使他们积极主动地参与小组讨论和学习,获得全方位的发展。在合作学习的课堂教学管理活动中,学生既是管理的对象,也是管理的主体。学生通过能动地参与语文教学管理,自主地组织教学活动,创造性地解决教学问题,负责任地选择课堂行为来体现管理中的主体性。主体性原则包括两方面的内容:一方面,课堂管理者需要充分尊重学生的主体性,充分尊重学生在课堂中的地位,把学生看作课堂活动的主体,树立正确的学生观;另一方面,教师在管理过程中要创造一些有利的条件,帮助并引导学生形成主体性人格,即学生愿意自主地选择正当行为,而非因某种外在权威和传统习俗的强制选择正当行为,也就是从“自发”到“自觉”地建立和维护课堂秩序,主动地参与课堂教学管理。由于学生主体性得到了体现,他们自然会产生求知欲望,把学习语文文化知识当作乐趣,最终进入学会、会学的境界,在掌握语文文化知识的同时,增强合作意识与合作技能,使小组合作学习进入良性循环阶段。

六、有效指导原则

在合作学习中,把学习的主动权交给学生,提供给学生更多的建构属于他们自己意义的时间和空间,更多地展示自己思维的机会,以及更多的解释和评价自己思维结果的权利,并不意味着教师指导作用的削弱,相反,教师应根据教学环节的变化而变化,充当有效的组织者、引导者甚至合作者。在整个合作学习过程中,教师应保持友好的、建设性的态度和行为,既不能过多地干预学生思考的过程和结果,又不能对学生的困难和疑问袖手旁观。

在合作学习中，不能只注重生生互动而忽视了师生互动。没有教师的正确指导，学生自身又缺乏相应的认识和方法，就达不到合作学习的目的。在教学中，教师应有意识地给予学生必要的引导，注意培养学生良好的合作能力。具体来说，合作前，教师应指导学生进行合作学习前的独立思考，让学生明确合作学习的任务和目标；合作中，教师应积极推动学生合作学习行为的深入。可以说，合作学习的成功与否，同教师是否积极引导与参与是分不开的，在合作学习中，教师不是退居二线，而是担负起管理和调控职责。但要使合作学习顺利开展，仅仅依靠教师事先的设计是远远不够的。在开展合作学习过程中，除了事先宣布合作规则外，在很多情况下，教师必须对各个小组的合作学习进行现场的观察和介入，为他们提供及时有效的指导。

七、师生合作原则

师生合作是指课堂主体在交往过程中所表现出来的相互依赖、相互促进、和谐一致的关系，它以主体间交互作用为中心，以合作共生为特征。师生共同参与到课堂教学管理之中，各司其职，相互促进，以形成最大合力。课堂作为一个活跃的功能体，置身其中的每一个人都不能以旁观者的身份游离于管理活动之外。教师作为制度化的管理者，应对整个课堂教学的推进、常规事务的安排、课堂秩序的维持，做出统一的计划与决策。而学生作为课堂的主人，对自己、对课堂也有着义不容辞的管理责任。这两种主体的管理活动并非简单独立、互不相关的，而是一种合作关系，能够相互补充和完善。例如，学生参与管理既有利于学生的自我管理、自我促进，也有利于教师管理水平、管理能力的提高和反馈。教师通过指导学生自我管理，教给学生一些管理的方法，也能提高学生管理的积极性与有效性。合作性原则意味着师生间彼此承认对方在课堂中的地位，主动承担自己在课堂中的责任，遵守共同认可的规范，并通过平等的对话与交往促进师生的合作。

第三节　合作学习的教学组织策略

合作学习是一种教学概念和方法，在高中语文教学中应用合作学习教学组织策略时，需要注意三个方面：首先，合作学习教学组织策略要能满足高中生的心理和生理特点；其次，合作学习教学组织策略要能够适应高中语文教学目标；最后，合作学习教学组织策略要能够对高中生的语文学习能力和终身能力的形成有所帮助。基于这三点要求，有三种较为适合的合作学习教学组织策略，即"思考—组队—共享"合作学习教学组织策略、"K-W-L"合作学习教学组织策略和文学圈合作学习教学组织策略。

一、"思考—组队—共享"合作学习教学组织策略

"思考—组队—共享"合作学习教学组织策略是当代最为常用的教学组织策略之一，通常适用于突破重难点学习任务。这种合作学习教学组织策略能够提高学生的课堂参与程度，促进学生思维的发展。"思考—组队—共享"合作学习教学组织策略的基本应用方法可以归纳为思考、组队和共享三个步骤。教师在课堂上提出语文教学主题让学生进行深入的思考，让学生在组成的小组中阐述自己的观点或想法，之后通过小组间的分享和讨论进行合作学习。

"思考—组队—共享"合作学习教学组织策略通过将班级整体拆分成小组的方式，让所有学生都能够参与到课堂教学环节中，提高学生的思维灵敏度，使学生对教学内容进行深入思考，并获得深刻的认识。同时，学生还能够在合作交流中，接受和反思不同的观点，培养思考和解决问题的能力。

二、"K-W-L"合作学习教学组织策略

"K-W-L"概括了学习的三个步骤：知道的(know)；想知道的(want to know)；学到的(learned)。也就是从已知的情况出发，通过合作探究得到未知部分。这种教学组织策略借助表格进行，具有探究性、趣味性和逻辑

性，是较为简单有效的教学组织策略。在教学实践中运用“K-W-L”合作学习教学组织策略能够有效激发学生的学习兴趣，提高学生的学习主动性和课堂参与度。同时，由于这种教学组织策略是通过已知信息来获得结论，能够充分帮助学生将学习信息进行联系，既能明确认知过程，又能帮助学生形成良好的思考方式和语文学习习惯。

在高中语文教学中运用“K-W-L”合作学习教学组织策略时，教师需要对教学内容进行总结，并对可能出现的课堂情况进行预测，做好教学准备。“K-W-L”合作学习教学组织策略的关键在于教师给出有效的已知信息，并让学生在交流讨论中完成表格空白部分的填写。例如，在分析文章中某一人物形象时，如果人物形象较为复杂，人物描写较多，就可以应用“K-W-L”合作学习教学组织策略。教师可以将准备好的表格发给学生，表格由已知的人物描写、人物形象、得到的人物特点三部分组成。学生独立完成表格，再进行小组交流讨论，修改自己的表格内容。最后各小组分别发表观点，再由教师进行指导和总结。

三、文学圈合作学习教学组织策略

文学圈合作学习教学组织策略是指将学生分成若干小组，以此组成一个讨论圈，让学生以小组的形式对经典文学进行深入讨论。教师通过文学圈可以让学生成为阅读的主体，并引导学生探究问题，进而学会批判思考。同时，这一教学组织策略可以促使多元化的观点呈现，使学生可以透视文学的多面层次。在高中语文教学中，教师可以通过运用文学圈合作学习组织策略引导学生完成语文阅读任务。例如，教师可以围绕“中国古代白话小说经典片段选读”的主题，开展文学圈活动。首先，教师可以规定经典片段选择范围，组织学生选择想要阅读的小说；其次，教师根据学生的兴趣对其进行分组，一般每组 4～6 名学生，再为每组学生分配不同的阅读任务；再次，教师规定文学圈交流会开始的时间，让学生在这之前完成文本阅读并进行组内汇报与交流；最后，每组在交流会上进行结果的汇报。

综上所述，合作学习教学组织策略在高中语文教学中能够起到激发学生的学习兴趣、调动学生学习的主动性和培养学生的合作意识的作用，对高中语文教学有着重要的意义。除了文中分析的三种合作学习教学组织策略之外，还有很多适合高中语文教学的策略，在实际教学的过程中，高中语文教师要能够根据不同的教学条件和教学内容，选择适合的教学组织策略，以丰富教学形式和提高教学质量。

第七章

高中语文自主学习教学方法

第一节　自主学习概述

“自主学习”是教育课程与教学改革的一个切入点和聚焦点。培养学生自主学习的愿望、能力和方法，不仅是教育课程与教学改革的目标之一，也是学校教育的理想和重要目标，更是构建终身学习社会的必然要求。自主学习对课堂管理提出了更高的要求，高中语文教师只有掌握自主学习的课堂管理原则及策略，才能更好地把握课堂，提高自主学习的实效，使自主学习真正落到实处。

课程与教学改革倡导的自主学习有其自身的特点和内在机制，教师只有正确理解和把握自主学习，才能将其转化为实际的教学行为，真正实现自主学习的价值。

一、自主学习的含义

自主学习是与传统的接受学习相对应的一种现代化学习方式。在自主学习过程中，学生是学习的主体。自主学习包括三个方面：一是对自己的学习活动进行事先计划和安排；二是对自己的学习活动进行检查、评价、反馈；三是对自己的学习活动进行调节、修正和控制。

二、自主学习的特征

了解、认识自主学习的特征，对于准确理解自主学习是十分必要的。

自主学习的特征可以概括为自主性、独立性、过程性、相对性和有效性。

（一）自主性

自主学习是针对学习活动中教师是教学的主体，学生从属于教师的指挥，被动地在教学过程中按部就班地进行发展的统一模式提出来的，其根本目的在于改变这种不注重学生主体性的片面教学模式，主张学生积极主动地参与到教学中，根据自己的实际情况确定学习发展的步调、方向和程度。它表现为学生的学习是基于自身内在需要的驱动，学生积极、主动地从事和管理自己的学习活动，而不是在外界的各种压力和要求下被动地从事学习活动，是“我要学”而不是“要我学”。如果学生学习是在外在压力下迫不得已进行的，即使学习成绩再好，在学习中投入的精力再多，参与学习的心理成分再多，也不能称之为自主学习。

（二）独立性

独立性是自主学习的核心品质，在学习活动中表现为“我能学”。每个学生都有表现自己独立学习能力的愿望，也都有相当强的独立学习的能力，他们在学校的整个学习过程其实也就是一个争取独立和日益独立的过程。在传统的教学中，教师可能忽视或压抑了学生独立学习的能力，以及独立学习的欲望，从而导致学生的独立性不断丧失。自主学习要求把学习建立在人的独立性一面上，要求学生尽量减少对教师和他人的依赖，由自己做出选择和控制，独立地开展学习活动。但是，学生学习的独立性有一个由教到学的过程，学生有一个从他主到自主、从依赖到逐步走向独立的发展过程。在此过程中，教师的“导”和学生的“学”是绝对不可缺少的。因此，高中教师要尊重和呵护学生的主体性和独立性，逐步培养学生独立学习和解决问题的能力。与此同时，高中教师也应重视学生发展中的个体差异性，要关注个性，因材施教，促进个体发展。

（三）过程性

自主学习要求学生对为什么学习、能否学习、学习什么、如何学习等问题有自觉的意识和反应。它突出地表现在学生对学习的自我计划、自我调整、自我指导、自我强化。自主性的发挥需要在学习活动的过程中加以体现。对于学生来说,学习活动本身就是自主性能否成功发挥的媒介。因此,自主学习的认识和评价不能离开学习活动,否则只能是空中楼阁。学习活动过程包括学习前的准备工作、学习进程中的信息加工、学习后的评价与反思。即在学习活动之前,学生能够自己确定学习目标、制订学习计划、选择学习方法、做好学习准备;在学习活动中,学生能对自己的学习过程、学习状态、学习行为进行自我观察、自我审视、自我调节;在学习活动之后,学生能够对自己的学习结果进行自我检查、自我总结、自我评价和自我补救。自主性应该在各个阶段都能得到最充分的体现,但是在表现形式上可能有所不同。如果学习者在某个阶段上缺乏自主性,便不能称为自主学习。因此,自主学习是学习者在学习活动过程各个阶段自主性发挥的统合。

(四)相对性

自主学习的相对性是由学校教育的基本特点和学生身心发展规律所决定的,它是区别于成人自学的基本特征。在实际的学习情境中,完全自主的学习和完全不自主的学习都较少,多数学习介于这二者之间。也就是说,学生的学习在有些方面可能是自主的,而在另一些方面可能是不自主的。这是因为就在校学生来讲,他们在学习的许多方面,如学习时间、学习内容等,都不可能完全由自己来决定,也不可能完全摆脱对教师的依赖。因此,教师要分清学生在学习的哪些方面是自主的、哪些方面是不自主的,或者说学习的自主程度有多大。只有这样,教师才可以针对学生学习的不同方面对其进行自主性的教育和培养。

(五)有效性

参与学习的学生内部因素主要体现为各种心理成分的协同作用。学习者的自我认识、自我体验和自我控制对自主学习的性质和方向起决定作用,没有正确的自我认识,缺乏自主学习的高峰体验,不能控制学习的目的和方向,就不可能有真正的自主学习。此外,这些心理成分还包括与心理过程紧密联系的认知、情感、意志活动，也含有与个性心理密切相关的个性心理倾向性和个性心理特征。学习者的兴趣、需要、动机、理想、信念、价值观等因素构成了激发自主学习的动力因素，对于维持自主学习的进行也发挥着积极的作用。而学习者的能力、气质、性格对于自主学习的速度、程度和质量也有十分重要的影响。

自主学习的出发点和目的是尽量协调好自己学习系统中各种因素的作用，使它们发挥出最佳作用，因此，自主学习从某种意义上讲就是采取各种调控措施使自己的学习达到最优化的过程。一般来说，学习的自主水平越高，学习的过程就越优化，学习效果也就越好。

三、自主学习的内部机制

从系统论的观点看，自主学习作为一种能力，其本身是一个相对稳定的系统，有其内部结构和构成成分；作为一种过程，自主学习是动态的，有其先后执行的程序和子过程。国外研究者一般用自主学习模型来解释自主学习的构成成分和内在机制。目前，比较权威的自主学习心理机制模型主要有麦库姆斯的自主学习模型、齐默尔曼的自主学习模型、巴特勒和温内的自主学习模型。这些模型在一定程度上为我们展现了自主学习的系统结构。

（一）麦库姆斯的自主学习模型[①]

麦库姆斯（Barbara L. McCombs，美国）是自主学习现象学派的代表人物之一。1989 年，他在《自主学习和学业成绩：一种现象学的观点》一文中，对自主学习的自我系统的结构成分和过程成分的作用进行了详细的描述。

① 张秀晖，徐茜，陈银英．微课在现代化课堂教学中的有效应用[M]．长春：吉林人民出版社，2020.

麦考姆斯认为，自主学习能力是自我系统发展的结果。[①] 自我系统有静态结构和动态过程两个方面：静态结构反映个体对自身的能力、价值、特点等相对稳定的认识，主要有自我概念、自我意象、自我价值等结构成分，这些成分在很大程度上决定了个体学习动机的强弱；动态过程是自我在具体情境中的动态反映，主要包括目标设置、自我控制、自我判断、自我评价、自我强化等成分过程，这些成分过程构成自主学习的基本特征。正因如此，自主学习可分为对信息加工、编码、提取的一般认知过程和对认知过程进行计划、控制和评价的原认知过程。自主学习正是在这两个过程的作用下实现的。

（二）齐默尔曼的自主学习模型[②]

齐默尔曼（Barry J. Zimmerman，美国研究自主学习的权威心理学家）的自主学习模型是以班杜拉的个人、行为、环境交互决定论以及自我调节思想为基础而提出的一个模型。

齐默尔曼认为，与其他形式的学习一样，自主学习涉及自我、行为、环境三者之间的交互作用。自主学习者不仅能够对内在学习过程做出主动控制和调节，还能够在外部反馈的基础上对学习的外在表现和学习环境做出主动监控和调节。就自主学习者的内部心理过程来讲，可以按其发生顺序划分为三个阶段，即计划阶段、行为或意志控制阶段和自我反思阶段。

在计划阶段，主要涉及任务分析过程和自我动机性信念两个方面的活动。任务分析过程又包含两个子过程：目标设置与策略计划。前者指确定具体的、预期性的学习结果；后者指为实现学习目标而选择合适的学习策略。自我动机性信念是学习的内在动机性力量，是学习的原动力，对学习过程具有推动作用。它主要包含自我效能、结果预期、内在的兴趣或

---

① 张健稳.论制约大学生外语自主学习能力发展的心理因素[J].中国健康心理学杂志，2010(5)：635－638.

② 吴国来，张丽华，等.学习理论的进展[M].天津：天津科学技术出版社，2008.

价值、目标定向等成分。

在行为或意志控制阶段，主要包含自我控制和自我观察过程。自我控制过程帮助学习者把精力集中在学习任务上，其中包括自我指导、使用心理表象、集中注意力、运用任务策略等过程。自我观察是指对学习行为的某些具体方面、条件以及进展的跟踪。准确、及时、全面地自我记录是自主学习者常用的有效自我观察手段。当自我观察不能对学习方向的偏离提供确切的说明时，个体还要启动自我实验过程，即通过系统地变换学习的过程、策略、条件等，以求达到最终的学习目标。

自我反思阶段主要涉及两个过程：自我判断和自我反应。自我判断又包含自我评价和归因分析两个过程。前者是指对学习结果与预期目标的一致程度以及学习结果的重要性的评判；后者是指对造成既定学习结果的原因进行分析，如较差的学习成绩是因为能力欠缺还是因为努力不够等。自我反思主要有两种形式：一是自我满意，这是基于对自己学习结果的积极评价而做出的反应。自主学习的学生把获得自我满意感看得比获得物质奖励更为重要。二是适应性或防御性反应。适应性反应是在学习失败后调整自己的学习方法以期在后继的学习中获得成功；防御性反应是为了避免进一步学习失败而消极地应付后续的学习任务。

尽管自主学习包含着复杂的结构和过程，但是在齐默尔曼看来，自我效能、目标设置、策略选择和运用、自我观察、自我评价等成分似乎更为重要，也更容易操纵。因此，他主张侧重对这些成分进行系统的理论和应用研究。

（三）巴特勒和温内的自主学习模型[①]

20 世纪 90 年代，巴特勒（D. I. Butler，美国自主学习研究者）和温内（S. H. Winne，加拿大心理学家）提出了一个详尽的自主学习模型，从信息加工的角度来阐述自主学习的内在机制。

---

① 李红侠，春光. 中外语言教学研究[M]. 延吉：延边大学出版社，2019.

巴特勒和温内认为，一个完整的自主学习过程主要包括四个阶段，即任务界定阶段、目标设置和计划阶段、策略执行阶段和元认知阶段。在任务界定阶段，学习者利用已有的知识、信念对学习任务的特征和要求进行解释，明确学习的任务是什么，以及完成这一任务有哪些有利和不利条件。影响这一过程的主要因素为领域内的知识、任务知识、策略知识和动机性信念。在目标设置和计划阶段，个体的主要任务是根据自己的标准和对学习任务的界定建构学习目标，制订学习计划，选择学习策略。在这一过程中，学生的自我效能感、目标定向、元认知水平发挥着最为重要的作用。学习目标设置和计划确定以后，学生就要根据既定的学习目标和学习策略执行学习任务。在这一阶段，元认知监视和控制的作用较为突出。利用学习策略对学习任务进行加工，最后生成学习结果，学习就进入了元认知阶段。元认知对来自目标和当前学习情况信息进行比较，对学习的结果做出评估，然后把评估结果反馈到知识和信念、设置目标、选用策略等的过程，重新解释学习任务，调整学习目标，选择学习策略，有时会生成新的学习程序，最终获得学习任务标准和要求相匹配的学习结果。

第二节　自主学习的教学原则

一、目标性原则

自主学习的语文课堂管理应当有正确而明晰的目标，它为教学目标的实现提供保证，最终指向教学目标。目标本身具有管理功能，直接影响和制约师生的课堂活动，起到积极的导向作用。并且，目标使学生成为积极的管理者和参与者，对于激发学生求知欲望、强化学生自我管理能力也具有积极意义。

在教学过程中，教和学的活动要先确定好准确适度的目标，使知识的难度恰好符合学生通过努力可以达到的潜在接受能力，从而不断构建新的知识结构。在这种适度目标的要求下，教材的处理、教学方法的运用、教学过程的每一环节，都要体现学习目标。只有树立目标意识，教师的教和学生的学才会同步提高。

激发学生自主探求知识的兴趣和欲望，是构建自主学习课堂教学模式的核心要素。如果让学生根据自身的情况，在教师的帮助下确定对自己有意义的学习目标、确定学习进度，那么学生的学习兴趣肯定非常浓厚。教师要让每个学生在课堂中充分行使自己的权利，充分享受学习的乐趣。这就给了学生自由选择的权利，为他们提供了主动探究的空间。

二、自主性原则

人们常说："教学有法，但无定法。"教学实践的特殊性要求教师必须具有创新意识，必须全方位确立学生的主体地位，充分调动学生的积极性，注重学生个性的培养。现代教学理论认为学生是学习活动的主体，要让学生自主学习。

在语文教学过程中，教师要积极为学生提供自由思考的时间和机会，为全体学生创设一个主动探索的空间。同时，教师要相信学生，敢于放手。学生是学习的主体，他们有自己的思维方式，有一定的知识积累，对一些知识的学习，学生独立或通过合作是能够解决的。教师要让学生在课堂有限的时间和空间内，多读、多说、多想，使学生真正成为课堂的主人。教师要努力为学生创造学习的机会，学生能发现的教师不暗示，学生能叙述的教师不替代，学生能操作的教师不示范，学生能提问的教师不先问，使学生在力所能及的范围内"跳起来摘果子吃"，让学生自主运用所学知识解决实际问题。

此外，语文教师要立足学生，善于放手。当然，教师不是无目的地放手，当学生对知识不理解或操作不规范时，教师要加以引导。自主学习并不意味着任由学生自己学，它离不开教师的指导，教师要善于在方法上引导，在关键处点拨。

三、参与性原则

自主学习活动取得有效成果的前提就是学生全员参加和全身心投入。学生只有充分投入，积极参与，才能使自主学习成为可能。为此，自主学习的课堂管理要做到三个方面：一是语文教师应采取各种方法鼓励学生积极参与课堂教学；二是引导学生在自学活动中多种感官并用，如观、读、思、做几方面有机地结合运用；三是最大限度地把课堂教学的时间和空间交给学生，使学生真正参与课堂，成为课堂学习的中心和主体。

四、激励性原则

在语文课堂管理时，教师要通过各种有效手段，最大限度地激发学生内在的学习积极性和求知热情。激励原则要求教师在课堂上努力营造和谐的教学气氛，营造有利学生思维、有利教学顺利进行的民主氛围，而不应把学生课堂上的紧张与畏惧看作自身管理能力强的表现。激励原则还要求教师在课堂管理中发扬教学民主，鼓励学生主动发问、质疑和讨论。当然，贯彻激励原则并不排除严格的要求和必要的批评。

五、反馈性原则

运用信息反馈原理，对语文课堂管理进行主动而自觉的调节和修正，是反馈性原则的基本要求。在语文教学中，教师应当不断分析把握教学目标与课堂管理现状之间存在的偏差，运用自己的教学机智，因势利导，确定课堂管理的各种新举措，善于在变化的教学过程中寻求优化的管理对策，而不应拘泥于一成不变的管理方案。此外，教师应积极关注不同水平的学生自主学习的完成情况，准确把握学生学习的反馈信息，并据此确定课堂指导的内容及策略，提高教师课堂指导的针对性及有效性，使学生的自主学习更为有效。

六、自控性原则

自主学习课堂管理要求学生自己管理自己的学习，不依赖外界来管理自己的学习活动，这是自主学习的又一个基本特征。自主学习课堂管理表现为学生对学习的自我计划、自我调整、自我指导、自我强化。因此，语文教师一方面要强化学生的自我管理意识，让学生意识到自我管理的重要意义，引起学生对自我管理的认同；另一方面要逐步培养学生的调控能力和自我管理能力，这是促进学生自主学习的重要因素。

第三节　自主学习的课堂管理策略

语文课堂管理是语文教师在教学活动中通过协调课堂内各种人际关系，吸引学生积极参与课堂活动，使课堂环境达到最优化的状态，从而实现教学目标的过程。课堂管理的根本目的是创设良好的学习环境和条件，促进学生有效学习。有利于学生自主学习的课堂管理应该以满足学生的自主要求为切入点，以和谐的人际关系为基础，以学生的自我管理和自律为特征，以积极的师生对话为主要手段。为了促进学生的自主学习，教师可以采用以下课堂管理策略。

一、设置有利于学生自主学习的目标和任务

（一）创设具有挑战性的目标

教学目标是教师进行教学活动的指南，在大多数情况下，教学目标由国家、学校或教师来确定，学生只能被动地接受这些目标。在这种情况下，如果教学目标设置得不够合理，会对学生的自主学习造成消极影响。因此，高中教师设置学习目标时，应注意的内容主要有：首先，教师应把提高学生自主学习能力设为最终目标，并在教学过程中有意识地强化学生自主学习的能力，将其作为教学目标的重要部分。其次，教师应设置明

确、具体、适度的教学目标来引导学生进行自主学习，并促进学生对教学目标的认同。具体的、近期的、能够完成而又有挑战性的学习目标更有助于促进学生的自主学习。具备这种特征的学习目标更容易让学生体验到成功，进而逐步增强学生的学习自信心。语文教师要在课堂中经常设问，使学生始终沉浸在问题情境之中，获得自我探索、自我思考、自我表现的实践机会。挑战性的目标难度要适中，切合学生实际，使学生经过一番努力才能够完成。太难会挫伤学生的学习积极性；太容易则不利于培养学生自主探索的精神。

（二）设置适当的学习任务

学生的学习兴趣源自两种动力——内驱力和外驱力。在自主学习中，学习者对学习的需要主要源于已有的知识经验不足以解决面临的现实问题，为了解决这些问题，学习者的学习积极性将被激发出来，形成学习的内部动机，这是一种积极、持久、力量强大的动机。在这种动机的激励下，学习者的自主学习行为才可以维持下去，才可以根据自己的情况和外界变化对学习进行监督和调节。学生对知识的兴趣越强，学习的主动性、自觉性也就越强。因此，教师在组织学生自主学习时，应尽可能与学生民主协商学习任务，应给予学生一定的选择空间，以提高学生的学习兴趣，激发学生学习的内部动机。

二、进行有利于学生自主学习的教学设计

有利于学生自主学习的教学，应该凸显学生的自主学习过程，给学生充分的自主学习机会。学生自己能够掌握的学习内容让学生通过自学、讨论先行解决，然后语文教师再针对学生不能掌握的内容进行重点讲解或指导。这样，学生在自学、讨论的过程中，能够充分发挥个体的学习潜能，锻炼了自主学习能力。讨论后不能解决的问题也可以为教师的讲解提供明确的依据，通过语文教师有针对性的重点讲解或指导，学生能够更好地学到问题解决策略。

有利于学生自主学习的教学流程主要包括确定学习目标、激发学习动机、自学教材内容、自学检查、集体讨论、教师讲解、练习巩固、学生小结等环节。另外还有教师指导、启发、反馈、评价这一模块,以便在学生确定学习目标、自学教材内容、自学检查、集体讨论、练习巩固等环节,教师能给予辅助、引导。

该流程的主体部分包含三个闭合的环路。

第一个环路是由确定学习目标、激发学习动力、学生自主学习、自学检查、练习巩固、课堂小结等环节构成。它所表达的意思是,学生明确学习目标后通过自学就能够达到目标要求。显然,在这种情况下,学习的几个环节主要是由学生自己完成的,教师只起引导作用。

第二个环路在第一个环路的基础上增加了集体讨论这一环节。它所表达的意思是,学生通过自学尚没有达到目标要求,但是通过集体讨论,解决了自学中的剩余问题。由于讨论主要是在学生之间进行的,因此在第二个环路中,与在第一个环路中一样,教师只对学生的学习起引导作用,学习主要是通过学生个人或集体完成的,学习的自主权主要在学生这一边。

第三个环路在第二个环路的基础上增加了教师讲解这一环节。它表明的情况是,学生通过自学和集体讨论后,仍有一部分学习问题没有解决,这时就需要教师通过讲解帮助学生克服学习困难,完成学习目标。当然,如果经过教师讲解,学生仍然不能完成学习任务,教师就要查明具体原因,重新讲解,必要时甚至可以暂时中止讲解。尽管如此,这一环路中所包含的多数环节仍然主要依靠学生自己来完成。

下面分别对各环节的要求予以说明。

(一)确定学习目标

在这一阶段,学生的主要任务是明确自己的学习目标,知道自己需要学什么、学习应达到什么标准以及如何达到这些标准。如果从严格意义上要求学生自主学习,学生的学习目标该由他们自己来制定。但是在学校教育条件下，学生在课堂上必须在规定的时间内完成教学大纲规定的学习任务，他们能够自由选择学习内容、确定学习目标的机会较少，在多数情况下，他们的学习目标还是要由教师来制定。

教师给学生制定的学习目标除了必须符合教学大纲的要求、体现出一节课学习的重点和难点外，还要尽可能具体、明确，便于学生对照着学习目标自学。为了培养学生的自主学习能力，教师还要注意教会学生制定学习目标的方法。例如，把长远目标分解成具体的、近期的、可以完成的目标，围绕目标分配学习时间等。

(二)激发学习动力

严格来讲，激发学习动力并不是一个独立的教学环节，它应该贯穿于教学过程的始终。教师应该及时对学生的进步予以表扬，以激发他们进一步学习的兴趣和热情。在学习目标呈现之后的学习动机激发可以分为两种形式：一是激发学生的好奇心，鼓励学生尝试自学。例如，语文教师可以这样引导："过去都是教师先讲同学们再学，这堂课教师先不讲，请同学们先自学，看看大家能不能学会。"这种形式一般适用于自主学习教学指导的初期。二是对学生的学习进步进行表扬，对他们的成功进行能力和努力方面的归因反馈。这种动机激发方法适用于自主学习的教学指导模式已试行一段时间的情况。例如，教师可以这样引导："教师发现，同学们都有很强的自学能力。通过努力自学，许多同学掌握了一些教师本来要讲的内容。即便是过去学习成绩较为落后的同学，这一阶段通过自学也取得了很大的进步，希望同学们继续保持这种好习惯。"

(三)学生自学教材内容

确定了学习目标之后，就可以要求学生根据学习目标及其要求对课本内容进行自主学习。但是自主学习并不是让学生简单地看书，而是让学生先系统地学习课本的内容。这是学生独立地获取知识、习得基本技能的主要环节之一。在学生的自主学习过程中教师需要注意以下两点。

首先，要保证学生的自主学习时间。一般来说，在自主学习教学指导模式的初期，由于学生还没有完全适应，他们的自学能力和习惯没有形成和发展起来，给学生的自主学习时间应相对长一些；如果学生已习惯了这种教学模式，给他们的自主学习时间就可以相对短一些。如果教学内容相对较少或者是在低年级中，一般把自主学习的时间安排在课堂上。对学生来讲，由于一节课包含的内容较多，一般采用课外自学与课内自学相结合的方法。

其次，在学生自主学习的过程中，教师要勤于巡视，及时给予学生针对性指导。教师要对学生的积极表现给予鼓励，对那些消极应付学习的学生给予批评、督促。

（四）自学检查

自学检查的目的是检查学生的自学情况，为组织学生讨论和教师的重点讲解做准备。自学检查的有效形式是让学生做紧扣课本内容的练习题。通过做练习，教师可以及时掌握学生反馈的信息，例如：哪些学习目标已经完成，哪些还没有完成？不同学习能力的学生分别能完成哪些学习目标？练习中出现错误的原因在哪里？

（五）组织讨论

自学检查之后，教师可以引导学生对练习结果进行讨论，力求通过集体讨论，使学生自己纠正、解答一部分没有做对的习题，进一步理解掌握学习内容。

根据已有的教学经验，学生讨论一般从评议练习题着手为好。在这一过程中，教师要引导学生讨论习题做对的道理以及做错的原因，把讨论引向深入。一般来说，正确运用一节课所学的知识、定理、规则、结论才能做对练习题。因此，讲出做对的道理就是解决了本节课的教学重点。容易做错的地方，也就是学生学习困难的地方。因此，说出做错的原因，也就是突破了本节课的教学难点。这样的讨论既解决了教学重点，又突破了教学的难点，是一种简便有效的教学方法。

(六)教师重点讲解

经过自学和讨论,有些学习内容和问题已经被学生掌握和解决,而有些内容可能还没有被学生理解、掌握,这时就需要语文教师对学生没有掌握的内容进行讲解。在学生自主学习基础上所进行的课堂讲解具有很强的针对性,是用于解惑的讲解,因此要求教师要精讲。

需要注意的一点是,有时候学生所学内容之间有着极为严格的逻辑关系,即前面的学习内容是后面学习内容的先决条件,前面的内容没有掌握,后继的学习就不能进行,这时候教师的讲解就必须与自学检查、讨论交叉进行。也就是说,在每一项学习内容经过学生自学、讨论后,如果发现学生没有理解或掌握,教师就要进行讲解,为后面的学习扫除障碍,而不能等所有内容都经过自学检查和讨论后再进行讲解。

(七)练习巩固

如果学习目标设置得当,通过学生自学、讨论和教师讲解,大多数学生可以初步理解并掌握规定的学习内容。但在这一阶段,学生还不能牢固地掌握和熟练地运用所学的知识、技能,甚至有些学生看似掌握而实际上只是机械模仿例题,并没有真正系统深入地理解所学内容,因此还要通过系统的练习来巩固所学知识。

在这一过程中,教师要注意设计好变式练习,引导学生学会概括和迁移。教师还可以设计一些难度较大的题目,使学习走向深入。在练习的过程中,教师还要视情况给予学生个别指导,尤其要对那些学习有困难的学生进行指导。

(八)课堂小结

课堂小结的目的是对当堂所学的内容进行概括、归纳,使之系统化,并作为一个有机的知识体系纳入学生的认知结构中。为了发展学生的自主学习能力,培养他们的独立总结和评价能力,课堂小结可以由学生自主进行,教师适当给予补充。课堂小结一般围绕着学习目标的完成情况来进行,要求简洁、全面,能反映出学习的重点和难点以及所学内容之间的逻辑关系。

三、创设有利于学生自主学习的课堂环境

（一）合理安排有助于学生自主学习的座位

课堂物质环境包括温度、光照、座位安排，以及学生自主学习所需的学习材料、学习设备等。其中，座位的安排对学生的自主学习影响较大。这是因为座位的摆放方式会影响师生之间、生生之间的信息交流、学习互助，并关系到学生的自主学习是否有一个安静的学习环境。

教师对学生的座位安排主要有半圆式、分组式、剧院式、矩形式四种方式。四种方式各有其优势，教师可根据学生的特点、教学的方式和班级纪律情况综合考虑决定采用哪种座位安排。一般来说，分组式和矩形式更有利于学生的自主学习；但是如果课堂纪律较差，采用半圆式或剧场式对学生的自主学习更为有利，因为这两种座位安置方法能够更好地避免学生的学习干扰。

（二）营造良好的课堂心理氛围

现代心理学理论和教育理论证明，学生如果在压抑、被动的氛围中学习，其学习的主动性和积极性极易被抑制，学习效率也必然是低下的。因此，教师应努力营造和谐的课堂心理氛围。

1. 建立相融、和谐的课堂人际关系

课堂中的人际关系影响师生之间、生生之间的互动，影响课堂气氛，对学生的自主学习也有着较大的影响。课堂人际关系主要有师生关系和同伴关系。

有利于学生自主学习的课堂是以学生为中心的，而以学生为中心的课堂最为关键的特征是平等和谐的师生关系。学生感到与教师之间的关系是融洽、和谐的，就会产生情绪安全感，产生更强的自我效能感，从而提高学生自主学习的效率。因此，建立起宽松、平等、和谐的新型师生关系，

是促进学生自主学习的重要保障。自主学习要求教师对学生的态度不能居高临下，教师应作为“平等中的首席”，对学生的自主学习进行有针对性的指导。

有利于学生自主学习的课堂还必须有良好的同伴关系。研究发现，人缘好的学生在课堂中是最受欢迎的，他们具有较高的安全感和自信心，更具备积极的学习心理准备。因此，教师在构建良好的师生关系的同时，还要关注生生关系的和谐。

2.用激励提高学生的自我效能感

教学的艺术不在于传授的本领，而在于激励、唤醒和鼓舞。激励是激发人的动机、调动人的积极性的重要手段，也是心理教育的重要原则。行为科学的实验证明：一个人在没有受到激励的情况下，他的能力仅能发挥到20％～30％，如果受到充分的激励，其能力就可能发挥到80％～90％。这充分说明运用激励机制是提高学生自我效能感、促进学生进行自主学习的重要举措。

在语文教学中，教师不要轻易否定学生的成果，这样会给学生带来不安感和紧张的情绪，容易抑制学生的学习积极性。自信心是创造力的要素之一，教师的激励性语言可以增强学生的学习信心，有利于调动学生的学习主动性和积极性。此外，如果教师能够准确地把握每位学生的认知特征和人格特征，形成恰如其分的期望，那么这种期望就会产生巨大的力量，激发学生内在的潜能，并转化为学生积极实践的动力。

为了促进学生的自我管理、自主学习，教师应该鼓励学生相互激励和自我激励。例如：对于学习取得明显进步的学生，可以要求其他学生向他祝贺，同时要求他介绍自己取得进步的经验；对于课堂上回答问题突出的学生，要求其他学生对他的回答做出积极评价；小组合作学习取得成功时，应以合作小组为奖励单位，而不是分别奖励个人，让小组成员在分享合作成果时相互激励。

当然，激励不仅要有恰当的内容，还要有灵活的表达。激励可以是正面的激励，也可以是十分得体的反面激励。可以这么说，抓住时机、采用恰当的形式、从关心学生发展的角度出发对学生的得体的激励是促进学生自主学习的强大动力。

四、建立有利于学生自主学习的课堂准则

倡导学生自主学习、主动探究、张扬个性，并不是不遵守纪律和规范，合理的课堂准则既是提高语文教学效率的重要因素，也是培养学生良好自主学习习惯的重要途径。

（一）建立以自我管理为特征的课堂准则

自我管理是一种帮助学生有效地跟踪和改变自己课堂行为的方法，包括自我评估、自我记录、自我评价、自我监控和自我指导等。自主学习能否取得良好的效果，有赖于学生在学习过程中自我管理能力水平的高低。教师要增强学生的主体参与意识，培养学生的自主管理能力。在课堂管理中，教师要尊重学生学习的自主权，对学生的学习进行有效指导，让学生参与到课堂管理中来，让学生认识到学习是自己的事，课堂的管理也是自我的管理。

教会学生自我管理，可以使教师将更多的时间用于教学，而将更少的时间用于管理学生的问题行为。更为重要的是，这种技能一旦获得，学生可以终身受益。可以说，学生自我管理是课堂教学管理的最高境界和归宿。

学生在课堂上的自我管理表现在心理活动上有这几个方面：能够自我认识、自我分析、自我评价，既能发现自己的长处，也能看到自己的不足，不断提高自觉性；能够自我体验、自我激励、自我克制和自我调节，不断提高情绪控制能力；能够自我监督、自我约束和自我磨练，不断提高战胜自己的能力；能够自我计划、自我检查和自我提醒，不断提高自立、自强能力；能够自我反思、自我感悟，以及自主维持课堂纪律和自觉解决课堂出现的问题，实现师生对课堂管理权的分享。

(二)提高学生的意志控制水平

意志控制是以考诺(L.Como,美国心理学家)为代表的意志学派极为强调的一种自主学习品质。[①] 他们认为,在学习的过程中,学生难免会遇到学习困难和干扰,如一时难以理解的问题、身心的疲劳、情绪的烦恼和外界因素的干扰等,这时候就需要学生用意志努力来控制自己,使学习坚持进行[②]。

意志控制在自主学习过程中所起的作用不同于学习动机。一般来说,学生在学习之初都具有一定的学习动机,但是随着学习的进行、学习难度的增加,学习动机的推动作用会逐渐减弱,而意志控制能使学习得以坚持下去。换言之,学习动机对自主学习具有更强的推动作用,意志控制对自主学习具有更强的维持功能。因此,再强的学习动机也无法取代意志控制在自主学习过程中的作用。正是有了较强的意志控制能力,自主学习的学生才能够顽强地克服学习过程中的困难,排除学习过程中的外界干扰,实现自己的学习目标。

五、把握有利于学生自主学习的指导策略

(一)逐步提高学生的学习能力

在学习的过程中,学习能力是顺利完成学习任务的内隐的个性心理特征,它主要是通过学习策略表现出来的。学习者的学习策略可以分为三类:与具体学习行为有关的策略、与元认知有关的策略以及资源管理策略。具体学习策略指的是在从事某个学科学习时为了效率和成果最大化而采取的个性化学习措施或策略,如记笔记策略、辅助线策略、记忆策略等。如果学习者没有掌握这样的策略,学习将事倍功半,难以产生成功体验,也就难以坚持自主学习。元认知策略属于一般学习策略的范畴,表现

① 庞维国.自主学习:学与教的原理和策略[M].上海:华东师范大学出版社,2003.

② 邵鑫雅,岳好,邓安然,等.近年来有关聋人自主学习能力的研究[J].科技视界,2017(30):7-9.

为学习者在一定目的指引下的计划、检查、反思等，它最能体现自主学习的特色。资源管理策略是辅助性质的学习策略，它主要表现为对时间资源、外界智力资源、信息资源等的利用和掌握。在学习活动中，学生只有“能学”，才可能主动自觉地学，进行自主学习，这是显而易见的。因此，教师应引导学生学会自主学习的学习策略，逐步提高学生的学习能力，为学生的自主学习奠定坚实的基础。

（二）给学生适当的自主学习的时间和空间

培养学生的自主学习能力，应保证学生自主学习的时间。教师要牢固树立“课堂是属于学生的”这一教育理念，把学习的时间真正还给学生。

想要学生自主学习，就要给予学生自主思维的空间。教师要摆正自己的位置，将自身角色定位为学生的合作者、鼓励者、引导者。要充分考虑到学生主动发展的需要，设计弹性化的、有一定空间和思维维度的课堂问题，让学生去自主感悟、比较、体验。同时，教师要注意运用延迟评价，启发学生进行充分的、广泛的思考，为学生个性化发展及进行创造性学习提供条件。有些教师在语文教学课堂中采取“先学后教，当堂训练”的教学策略，教学全过程都是开放的。课堂上，学生自己去学、去积极思考，教师只是“向导”“路标”，只起“引路”“架桥”的作用，学生的思维空间得到了最大程度的拓展。

学生有着与教师不一样的知识背景与思考角度，因此，教师要尊重学生的感受，不能以自己的想法来代替学生的想法，要在时间和空间上放手，多为学生创造自主学习的机会，为学生学习搭建“脚手架”而不是放置“绊脚石”。

（三）善于引导和启发学生

在自主学习过程中，教师应做到“道而弗牵”，即教师要善于引导和启发，培养学生的自学能力，使学生达到“疑难能自决，是非能自辨，斗争能自奋，高精能自探”的境界。当然，自主学习不是立马就让学生自己学，自主学习能力也不是生来就有的，而是要有一个由教到学的过程。所以，自主学习不是否定教师的作用，而是对语文教师的“教”提出了更高的要求。为此，教师要更新教学观念，尊重学生的主体地位，教给学生自主学习的本领，减少学生对教师依赖。

学生开展自主学习活动离不开教师的诱导和启发，这种诱导和启发应体现在教学的全过程中。

第一，起始阶段，教师应以明确的学习任务作为启动和组织学生开展自主学习活动的操作把手，使学生明确“学什么”“学到什么程度”。所谓明确的学习任务，必须是具体的、可操作的，并且是可把握、可评价的学习行为，而不能是笼统的、模糊的、不可操作更无法评价的术语概念。

第二，自学过程中，教师要努力创设以问题为核心的学习情境，引导学生对学习材料不断进行精加工、深加工。教师应善于将学习任务转化为一个拥有情趣并具有较大思维负荷的问题情境或活动情境，使学生能在完成认知任务的同时，发展自己的自学能力并得到情感上的满足。

第三，组织有效评价，使学生知道自己的学习结果并及时反思。在自主学习中，学生在教师的指导下仅知道了学什么、怎样学还不够，还必须知道自己学得怎么样、学到了什么水平，这就依赖于语文教师组织学生展开充分且有效的评价活动。在组织评价过程中，教师应尽量组织全体学生积极参与，避免只与少数学生对话；应以学生的自评与互评为主，避免教师的“一言堂”；应充分展开学习的过程，避免简单的肯定和否定；要注意适度的激励，既不能挫伤学生，也不要廉价表扬。需要强调的是，语文教师要注意评价的全面性，即不仅要重视学业结果的评价，还必须重视对学生学习品质的评价，以充分体现新课程提倡的知识与能力、过程与方法、情感态度与价值观的统一的理念。一般来说，在课堂教学中，对学生自主学习品质的评价，可围绕其外显的行为特征展开，如是否能积极参与学习、是否能独立思考、是否能自主选择、是否能自由表达、是否善于探究、是否富于想象、是否敢于否定、是否有浓厚的兴趣等。在评价的同时，教师还要善于引导学生进行及时的反思，强化学生正确的思考过程，纠正学生错误的思维习惯，使学生不断优化自己的学习策略。

第八章

高中语文探究学习教学方法

第一节　探究学习基础理论

一、探究学习的历史演进

探究学习作为一种学习方式由来已久。从历史上看，其思想渊源可以追溯到苏格拉底的问答式教学法。这种教学方法要求教师向学生提出问题，并让学生选择某一立场，教师选择与学生对立的立场，相互辩论，在师生不断进行的问答中，合作探索潜在的知识。这种采用“提问”或“问题”引导学生自己得出结论的方法正是探究学习的特征。

20 世纪初，杜威针对当时脱离生活经验、纯知识灌输的传统教育提出了以学生为中心、从做中学的主张。杜威认为，科学教育不仅是让学生记忆百科全书式的知识，也是一种过程和方法，他主张教学应当遵循这些步骤：设置疑难情境、确定问题、提出假设、制订解决问题的方案并实施等。认真分析这种教学模式便可以发现，它与当今人们所讨论的探究教学在步骤上有很大的相似性。

20 世纪 50 年代末至 60 年代初，人们对探究学习的研究达到高潮。以布鲁纳(J. S. Bruner，美国心理学家、教育家)、施瓦布(J. J. Schwab，美国著名的课程论专家和生物学家)、费尼克斯(P. H. Phenix，美国著名教育哲学家、课程论专家)为代表的一些理论研究者在理论上系统论证了

"发现学习""探究学习"的合理性[①],并在科学学科领域推动了以培养智力超群的社会"精英"为目的的课程创新运动。这次课程创新运动对国际科学教育产生了深远的影响,并逐渐形成世界性的教育创新浪潮。在这一时期,布鲁纳在专门研究创新中小学理科教育的伍兹霍尔会议上,做了题为《教育过程》的报告,其中率先倡导"发现法",并系统论证了发现学习的合理性。与此同时,施瓦布教授在1961年哈佛大学演讲会上做了题为《作为探究的科学教学》的报告,指出传统的课程对科学进行静态的、结论式的描述,这恰恰掩盖了科学知识是试探性的、不断发展的真相的事实,极力主张要积极地引导学生像科学家那样对世界进行探究,进而首次明确提出"探究学习"的概念,使之更适用、更具体、更易操作。施瓦布的研究不仅深化了探究学习这一领域的理论研究,更是提供了具有操作性的实践模式,为探究学习模式提供了具体建构的契机。在施瓦布等人的推动下,探究学习在英、美等国得到了蓬勃的发展。

二、探究学习的内涵

对于什么是探究学习,目前尚没有统一的定义。如施瓦布认为"探究学习"是指学生通过自主地参与知识的获得过程,掌握研究所必需的探究能力;同时,形成认识自然的基础——科学概念,进而培养探索世界的积极态度。近年来,我国一些学者也对探究学习进行了研究,并给出了不同的定义。例如,郑金洲认为,探究学习是学生运用探究的方式进行的学习过程和活动,也就是学生在教师的指导下,主动地发现问题,以一种类似科学研究的方法对问题进行分析和研究,从而解决问题和获得知识的过程和活动。张德银认为,探究学习是指在教师的指导下,以发现、发明的心理动机去探索、去寻求创新性解决问题的方法;以类似科学研究的方式获取知识,应用知识解决实际问题,从而在掌握知识内容的同时,让学生

---

① 徐辉,王牧华,靳玉乐.课程改革论:比较与借鉴[M].北京:人民教育出版社,2021.

体验、理解和应用科学方法，培养创新精神和实践能力。徐学福认为，所谓探究学习，是指学生在教师指导下，为获得科学素养以类似科学探究的方式所开展的学习活动。高凌鹰、张春燕则认为，探究学习是人们在总结发现式学习和有意义学习的经验基础上提出的一种以学生自主探究为主的学习方式。[①]

上述的探究学习定义虽然不统一，但它们为我们分析探究学习的内涵提供了宝贵的线索。从各种定义中可以看出，对探究学习的讨论都涉及“学习内容”“学习过程中的师生关系”以及“学习目的”。

基于此，笔者认为探究学习应是从问题或任务出发，在教师指导下，学生通过自主探究活动，从而获得知识技能、发展能力、培养情感体验的学习方式。这个概念表述说明：

第一，探究学习以问题为导向，主要围绕着问题（或专题、主题）的提出和解决来组织学习活动，因此，“问题”是学生学习的载体。在探究学习中，学校要组织学生从学习生活和社会生活中选择和确定专题。这些问题可以是教师提供的，也可以是学生自己选择的；可以是教材内容的拓展和延伸，也可以是对自然界和社会现象的探索；可以是纯思辨性的，也可以是实践操作类的；可以是已经证明的结论，也可以是未知的知识领域。如果说在学科教学中，教材是课程实施的基本依据和载体，那么在探究学习中，问题便是学生学习的重要载体。以问题为导向，意味着探究学习应首先关注“学生的问题”。也就是说，一方面，通过了解学生真正关注和感兴趣的问题是什么，允许学生对这些问题自主进行一些非指导性探究；另一方面，以问题为导向说明探究学习追求的根本目标不是确定不疑的知识结论，而是以一定知识为基础的对世界的开放的“问题意识”，是敞开的问题视野。从这个意义上来说，探究学习就是把个体带入自己对世界、对社会、对生活的问题（好奇、疑问与探究之心）之中，让学生经由有限但有

---

① 罗亚娅.高校研究型教学理论与方法[M].吉林：出版集团股份有限公司.2020:31.

效的学习活动培育对世界的问题空间，获得创造性地运用知识、加工知识的能力和智慧。

第二，探究学习过程中的师生关系体现着“教师主导、学生主体”这一基本精神。一方面，探究学习向学生赋权增能，使学生真正成为学习的主体。探究学习改变了传统课堂教学中教师讲、学生听的固有模式，让学生积极主动地去探索、去尝试，去谋求学生个体创造潜能的充分挖掘和个性的张扬，让学生接近生活，关注周边的现实世界。学生在实际生活中根据自己的兴趣、爱好特长自主地选择研究课题，从选题、收集资料、提出方案直到最后的成果展示，都是由学生“自作主张”。教师在这个过程中的作用是对学生进行积极有效的引导，发挥协助者的作用，而不是取代学生进行这些活动。这种自主的学习过程与传统学习中学生被动地接受、隔离现实生活世界的学习过程形成鲜明的对比。另一方面，探究学习仍然强调教师的指导作用。只有这样，它才能有别于学生在好奇心驱使下所从事的那种自发、盲目、低效或无效的探究活动。事实上，学生探究活动过程中所涉及的观察、思考、推理、猜想、实验等活动都是他们不能独自完成的，需要教师在关键时候给予必要的提示。

第三，从学习目的来看，经过探究过程以获得理智情感体验、建构知识、掌握解决问题的方法是探究学习要达到的三个目标。以往的学习，其根本目的在于增加个体的知识储备。在我国的基础教育中，尤其强调对系统学科知识的掌握，学生在现实生活中解决实际问题的能力并不高，学生的实际能力与知识量不成正比。这种学习显然难以适应我国素质教育的要求和培养学生创新精神的时代主题。探究学习力图从根本上超越学科的界限，成为一种综合性的以问题为核心的、不断迈向未知领域的学习活动。它的目的不仅是使学生掌握系统的学科知识，还要使学生在真实的或者特定设置的情境之下能够综合地应用知识、能力去界定、发现问题，解释、分析问题，并最终解决问题。此外，探究学习的另一目标就是让学生获得亲身参与探索的积极体验。通过让学生主动参与整个探究学习过程，激发探索欲望，使学生获得积极的情感体验。因此，探究学习过程同时也是一个情感活动的过程。

三、探究学习的特征

（一）问题性

现代教学论研究指出，产生学习的根本原因是问题而不是感知。问题是思想方法、知识积累和发展的逻辑力量，是萌生新思想、新方法、新知识的种子。没有问题，感觉不到问题的存在，学生就不会去深入思考，那么学习也就只能是表层和形式的。为此，探究学习强调通过问题来进行学习，要求学生以问题作为学习的载体，自觉以问题为中心，围绕问题的发现、提出、分析和解决来组织自己的学习活动，从而形成一种强烈又稳定的问题意识。学生始终保持一种怀疑、困惑、焦虑、探究的心理状态，从而催生出更多的问题。这样学习才有强大的动力，才能使学生真正开启心智的大门，才能真正激发学习的热情，才能真正领略到学习的乐趣和魅力。在这种学习过程中，一方面强调通过问题来进行学习，把问题看作学习的动力、起点和贯穿学习过程的主线；另一方面通过学习来生成问题，把学习过程看成发现问题、提出问题、分析问题和解决问题的过程。总之，问题意识是学生进行探究学习的重要心理因素。当然，由于探究学习主要是围绕着问题的提出和解决来展开，问题的品质就成为直接决定探究成效的重要因素之一。问题有真的，也有假的。真问题是反映学生现实生活、发生在学生身边的自然和社会现象中的问题。学生只有在解决真问题的过程中才能养成不迷信权威、敢于批判和质疑的探究精神。否则，其探究学习无疑只是一种枯燥无味的“智力游戏”，令学生望而生畏，丧失探究的兴趣和热情，根本谈不上探究精神的培养。因此，探究学习需要师生根据日常经验观察、发现并提出真问题。

（二）生成性

作为一种以“问题”为导向的学习方式，探究学习具有明显的生成性。探究学习的过程并不是教师把预先设计的属于教师知识范围之中的知识图景有效地、按部就班地传输给学生的过程，而是在师生既有知识、经验相互沟通的基础上寻找、发现问题，借助一定的新知识传授，师生共同谋求解决问题的办法。因此，探究学习内容并不限于教学计划中的固定安排，它应根据当时当地的教学情境需要做出必要的调整。这种学习方式充满弹性，富于张力。在探究学习过程中，教师不是作为传声筒，而是作为一个带着理智、情感、智慧，与学生平等的个体，参与到超越简单知识授受的、深层次的、充满问题的教学情境的创造性建构之中。生成性的特点使探究学习对于师生而言永远充满着超乎预设之外的诱惑力（而不是一开始就知道结果如何），是一种源自师生思想的诱惑力，它永远对教师和学生的知识和智慧构成挑战，使师生潜能在富于挑战与激励的教学情境中不断释放、展现出来。缺乏生成性的学习，不可能是探究的学习。

（三）开放性

开放性是探究学习最显著的特性。在探究学习中由于要研究的问题（或专题、课题）多来自学生生活着的现实世界，课程的实施大量依赖于教材、教师和校园以外的资源，学生学习的途径方法不一，最后探究结果的内容和形式也会各不相同。因此，它必然会突破原有学科教学的封闭状态，将学生置于一种动态、开放、生动、多元的学习环境中。这种开放性的学习，改变的不仅是学生学习的地点和内容，更重要的是它提供给学生更多的获取知识的方式和渠道，推动他们去关心现实、了解社会和体验人生。

（四）自主性

探究学习的典型特征是，教师不直接告诉学生与教学目标有关的知识与认知策略，而是创造一个特定的学习环境，让学生经过探索后去亲自发现和领悟它们。因此，在探究学习过程中，教师要善于激发学生学习的主观能动性，引导学生积极分析和思考，以便他们能够积极主动地从探究的一个阶段过渡到另一个阶段。它要求教师改变传统的方式，把重点放在创造条件、引起和激励学生的探究和发现上。但这绝不意味着教师的作用因此降低，甚至无足轻重，而完全任由学生去独自探究。事实也正是如此，任何教育教学活动都离不开学生个体的积极参与和自主活动，同时也离不开教育者的引导。因此，在教育教学过程中，教育者应处理好“放”和“扶”的关系，充分激发和调动学生的能动性、自主性和创造性，培养学生的探究态度和发展学生的探究能力。

第二节　探究学习的教学管理原则

一、主体性原则

主体性教育理论主张教育要以培养、发展和弘扬学生的主体性为根本目的，教育过程实质就是教育者借助一定的教育手段和方法，将人类的优秀科学文化知识和经验转化为受教育者的品德、才能和智慧，从而将社会的精神财富内化为学生主体性素质的过程。由此可见，主体性教育理论无论在教育的目的上还是在教育的过程中，都把发挥人的主体性摆在了十分突出的位置。事实也正是如此，任何教育教学活动都离不开学生个体的积极参与和自主活动，教育者的任务不仅在于传授知识，更为重要的是要在教育教学过程中充分激发和调动学生的能动性、自主性和创造性，培养学生的探究态度和发展学生的探究能力。

探究活动是一个多侧面、多途径、多方法的活动，需要观察思考，需要提出问题，需要设计探究方案，需要根据证据来检验假设，需要提出答案、解释和预测，需要将探究结果与同学交流和讨论等。上述活动没有学生的主动参与是不可能完成的。同时，探究也是一个解决认识冲突的学习过程，需要学生坚持不懈地观察、思考、实验探究等。如果学生没有探究的积极性，探究活动就无法进行下去。探究学习让学生真正变成了教学的主体，在传统的接受学习中学生被认为是不成熟的个体，不足以承担起发现知识和创新知识的重任，而探究学习则充分相信学生，相信学生在一定程度上有能力去主动地探索世界、揭示世界的奥秘，发现并创造出知识。因此，探究学习主张学生可以选择学习内容、确定学习方法、安排并实施学习计划、评价学习结果，对学生能力的信任毫无疑问能够鼓励学生在探究的道路上阔步前进。

在探究学习的课堂管理过程中，教师要注意激发学生对问题情境或探究内容的兴趣和动机，给学生提供自主探索、自主创造的机会，充分发挥学生的主体性。

二、情境性原则

建构主义理论认为，知识不是通过教师传授得到的，而是学习者在与周围环境相互作用的过程中，通过同化、顺应和平衡，逐步建构起自己的认知结构。传统的课堂教学受行为主义学习理论和以学科为中心的课程观的影响，把知识看作脱离情境的纯文本，可以通过直接传授的方式教给学生，因而不注重学习情境的创设。

探究学习的一个重要目的在于培养学生敢于批判和质疑的探究精神，然而敢于质疑不等于盲目怀疑一切，必须以事实为根据。学生只有在解决真实问题的过程中才能养成这种精神，脱离学生实际进行抽象技能训练的做法只会压抑学生的探索兴趣，根本谈不上探究精神的培养。为了激发学生的探究兴趣，教师应注意了解学生关注和感兴趣的问题是什么，然后将那些真正来自学生和属于学生、联系学生生活和社会实际的问题纳入课堂。第一，对学生感兴趣的问题进行调查统计和分析，以此作为设计课堂教学时选择探究主题和安排主题顺序的基础；第二，每堂课都应尽量留出一些“自由探究时间”，供学生探究他们自主提出的问题；第三，教学内容有时可根据学生的即时兴趣做出适当的、及时的调整。

在课堂管理过程中，教师应通过创设问题情境、真实的生活情境、实验探究情境等多种情境，激发学生思考的冲动，加强学生对知识的重组和改造，保证学生对知识的意义建构，增强学生发现和解决问题的能力。这样就将学生带入了一个问题情境，激发了学生的探究热情。

三、开放性原则

开放性是探究学习最显著的特点。探究学习从实质上讲就是培养学生发现问题、解决问题的能力，这就和传统的以接受纯文本知识为主的学习方式有着本质的不同。它需要把学生置于一种相对动态的、开放的、多元的环境中。教育心理学研究表明，思维定式、功能固着等是影响问题解决的重要因素，封闭的课堂、僵化的教学内容、刻板的教学方式、固定的标准答案等都容易使学生产生思维定式，从而减弱思维的灵活性和流畅性，进而影响创造性。研究同样表明,思维必须以大量的信息为基础,产生观念的流畅性、灵活性、独创性都与信息量有关。也只有开放式的课堂才能容纳大量的信息,并促进信息在教师、学生、教材及媒体等之间合理、高效地流动,为创造性思维的发展创设必要的空间。另外,在当今日新月异的社会,学生不仅要学会占有作为社会首要资源的信息,更要学会选择和甄别有用信息。只有开放式的课堂才能为学生提供充分的机会加以交流、讨论和争辩,培养他们不唯书、不唯师、不唯上、大胆质疑的品性和批判性思维能力。

因此,探究学习要求教师在课堂管理过程中不要过分干预学生探究的过程,而要充分发挥学生的主体性,给学生以自由创造空间,鼓励学生走出课堂,广泛地获取信息和收集资料,充分利用图书馆、实验室、科研机构、厂矿企业技术部门及家庭、社会的资源优势,多渠道多方位地进行开放性探究,让学习过程成为学生发现、发明的过程。当然,开放性绝不意味着放任自流,这就要求教师更充分地估计学生学习现状、教学内容的难度,同时更恰当地进行教学设计。

四、合作性原则

社会建构主义理论家维果茨基认为,建构主义的学习应该是一种社会性、交互性的协作学习,知识不仅是个体在与物理环境的相互作用中建构起来的,而且与社会性的相互作用更加重要,人的高级心理机能的发展是社会性相互作用内化的结果。因为每个人都以自己的经验为背景来建构对事物的理解,每个人生活世界的复杂性,以及作为认知者的每个人的认知建构方式的独特性,使不同个体只能体验和理解到事物的不同方面。语文教学中要使学生超越自己的体验和认识,看到那些与自己不同的观点,看到事物的另外的方面。特别是在科学探究活动中,学生的基本假设、收集的信息、设计的方案、在探究过程中收集的数据、探究过程中的体会以及探究结论等方面都可能存在着相当程度的片面性。因此,在课堂管理过程中,教师要重视学生探究过程中的合作和讨论,使学生在发表自己的探究方法和成果、交流探究体验和感想、倾听他人探究经验的过程中进行客观的比较和鉴别，从不同的角度改进自己的经验和认识，取长补短，丰富自己的探究成果和收获，形成对问题的全面的理解，从不同角度建构事物的意义，以促进知识的广泛迁移。这样不仅有利于学生良好的合作精神的培养，也有利于发展学生的评价能力，为将来步入社会与人交往和合作打下良好的基础。

探究学习是围绕问题解决活动开展的，这些问题往往是综合性的复杂问题，学生需要依靠集体的力量进行分工合作。在探究过程中教师不再是知识的仲裁者、课堂的控制者，而是学生探究学习活动的支持者、引导者和合作者，是和学生平等相处的伙伴。当探究进程中出现一系列问题时，教师不要急于求成，而要充分信任、肯定学生，放手让学生尽情地发挥自己的聪明才智，让学生通过探究自主发现规律，在探究过程中让学生自主寻找解决问题的方法、思路，在教师的引导下，学生会逐步积累探究的经验，学会探究的方法，提高探究的能力。

在课堂管理过程中，教师要尊重学生的人格，尊重学生的选择，建立合理融洽的师生关系：走入学生的心灵，充分了解和关注学生的思维发展，尽可能减少对学生统一约束和整齐划一的要求，鼓励每个学生亲历各种探究活动，提倡他们选择与众不同的探究路径。教师不仅要容忍学生犯错误，还要大胆地鼓励学生尝试错误。因为只有经过错误考验的学生，他们的探究能力才能得到不断的加强。教师要努力营造出师生之间及生生之间自由、平等的氛围。如在学生做讨论进行探究的过程中，教师在教室里四处走动，与各小组进行交流，倾听学生们的问题和想法，不时评价他们的探究进程并确定适合学生学习的下一步计划。必要时，教师可以把学生集中起来，通过演讲、示范或讨论等形式提供其他信息。

学生通过讨论解决问题，同时又在讨论中发现问题。因此在探究学习的深度管理中，教师完全可以尽可能地创造机会引导学生在边学边探究中解决问题，让学生亲自动手、动脑，互相合作，利用各种方式方法合作探究。在这一环节中，教师可以先用几分钟把解决不了的问题进行综合，然后让学生进行合作探究。形式可采取生生讨论探究、小组讨论探究、整班集体讨论探究(包括师生间互相探究)。通过对话、争论、答辩等方式，发挥学生的学习探究优势，利用他们集思广益、思维互补、思路开阔、分析透彻、各抒己见的特点，使问题的结论更清楚、更准确。此时教师要做到眼观六路、耳听八方，随时引导、点拨学生共同解决问题。

第三节 探究学习的语文教学策略

一、探究学习的课堂教学设计

成功的课堂教学与成功的课堂设计是密不可分的。探究学习的课堂设计应从制定探究目标、创设问题情境、设计探究方案等方面着手。

(一)制定探究目标的策略

探究目标是指为探究活动主体预先确定的、在具体探究活动中所要达到的结果。它表现为通过探究过程让学生在知识与技能、思维与情感和行动方式等方面发生变化。它是探究教学的出发点和归宿，因此，确定合理、适当的探究目标是探究方案设计中的首要任务。探究目标对探究过程具有引导作用，能够避免探究过程中的目的性，将学生的注意力集中在与目标有关的事情上，尽量排除无关因素的干扰；探究目标是激发学生探究动机的诱因，学生了解了探究目标，能激发他们主动探究的积极性，能够明确探究的方向，更好地评价和反思自己的探究实践；探究目标为评价提供依据；探究目标还具有聚合功能，是探究过程中各组成要素的连接点和灵魂，对其他要素起着统率、支配、聚合和协调作用，使之发挥最佳的整体功能。

探究学习也不例外，它的学习目标与其他学习目标一样，都服务于总的课程目标。因此，探究目标的设定必须以学科知识体系、学生的实际情况、课程资源的实际情况为依据。

1. 学科知识体系

探究目标并非任意决定的，它必须立足于对学科教学内容的系统分析，能够从整体上把握学科知识体系，理清内容的基本结构，看到某一特定内容在整个知识体系中所起的作用、所处的位置。对于一些关键内容一般要进行探究,但探究目标要服务于整个内容体系,而不仅仅是这一特定的内容本身。例如,根据学科知识体系,在研究物质结构的价值探究过程中,教师应从原子、分子水平上认识物质构成的规律,以微粒之间不同的作用力为线索,侧重研究不同类型物质的有关性质,帮助学生进一步丰富物质结构的知识,提高其分析问题和解决问题的能力。

2. 学生的实际情况

科学探究是学生自主学习的过程,是学生应用知识解决实际问题的过程。因此,教师要通过观察、调查、和学生谈话、研究档案等手段,分析学生已有的知识和能力基础,了解和掌握学生的学习动机、感知特点、认知风格、情感发展水平、情感需要、性格特点、态度特点等实际情况。在对学生进行调查、分析时,既要了解群体的一般特点,又要注意了解个体的差异和典型情况。因为探究目标是面向全体学生的基本目标,它必须在全面了解学生情况的基础上,才能把握这种基本的要求。

3. 课程资源的实际情况

由于科学探究是一个开放性的过程,因此课程资源是探究学习顺利进行的重要保证,也是影响探究目标制定的重要因素。因此,在制订探究目标时,教师要分析学校和社区的资源情况、教师自身的教学特点和水平,以保证探究目标的实际可操作性。

(二)创设问题情境的策略

探究学习实质上是问题解决的学习,问题是整个学习过程的核心和关键。因此,创设与探究主题有关的问题情境,在教学内容和学生求知心理之间设障立疑,让学生处于"愤""悱"的状态,引起学生对知识、科学、人生的兴趣,激发学生的探求欲望是探究学习首要的和关键的环节。

在探究学习中可以通过以下途径创设问题情境。

1. 通过学科之间的横向联系创设问题情境

利用其他科目中有联系的事实或资料,创设趣味盎然的问题情境。

如在学习碳酸钙的性质前，可以利用于谦的《石灰吟》“千锤万凿出深山，烈火焚烧若等闲。粉骨碎身浑不怕，要留清白在人间”引导学生分析石灰石焚烧变生石灰，生石灰遇水“粉身”及最后变成“清白”的碳酸钙的变化现象。

2. 通过日常概念和科学概念的矛盾冲突创设问题情境

学生在日常生活中已形成了自己的一些概念，也就是日常概念。日常概念和科学概念之间有时是一致的，有时是矛盾的，甚至是对立的。从日常概念和科学概念的矛盾入手，可以引起学生强烈的探究兴趣。比如：我们平时所讲的盐和化学上的盐有没有异同？饮料中的纯净水真的是纯净物吗？这些熟悉而又陌生的问题是学生产生探究欲望的内在动力。

3. 利用多媒体创设问题情境

由于多媒体能以连续的声音、画面方式传播，可以使学生有身临其境的感觉，从而激发学生的兴趣。因此，在探究学习的教学设计中应该用多媒体创设问题情境，激发学生主动参与的兴趣。创设问题情境的方式多种多样，它可以在其他创设情境的途径中交叉使用。教师可以通过故事、模拟实验、图像、音像、活动等多种途径设置问题。

4. 通过精心策划的课堂讨论创设问题情境

讨论对于激发学生的思维活动是一种最有效的方法。在教学中，教师可以利用学生对某一问题的不同看法所引起的矛盾冲突，引导学生进行讨论，从而创设问题情境。由于在讨论过程中学生希望被认可的愿望非常强烈，教师在鼓励学生充分发表意见的同时，要适时引导他们冷静分析，从不同的侧面去认识问题。

综上所述，问题情境是影响学生学习的重要因素。在进行课堂设计时，教师应该深入分析教材，结合学生的认知心理特点，来创设恰当的问题情境，激发学生的学习欲望，激活学生的思维，从而培养和提高学生发现和解决问题的能力。

（三）设计探究方案的策略

探究方案作为指导探究学习的指南，是决定探究学习成败的关键。

因此，教学方案的设计既要遵循科学探究的基本过程，又要符合实际情况的需要。具体来说，可利用相关材料，结合生活实际、调查访问、查阅文献资料等形式来设计探究方案。

1. 利用实验进行探究

没有实验，就没有科学。同样，进行科学探究学习也离不开实验，否则，就不能把宏观和微观统一起来，建立联系深入本质，也就不能建立起学习科学的思维方法。在实验探究的实践过程中，学生的观察能力、操作能力、求实作风、科学态度、科学方法、合作精神等多种素质得到培养，使学生在学中做、做中学，在“做科学”的探究实践中形成终身学习的意识和能力。

2. 利用科学史料进行探究

科学史料记载着科学从萌芽到确立直到走向成熟的逐步发展过程，对语文的教学具有重要的意义。

语文课本中的概念、规律和理论，既是人类认识的结晶，具有科知识的价值，同时它们又铭刻着人类思维的印记，具有思想文化价值。无数科学家的深邃思想是科学宝贵的精神财富。因为学生对科学家、对科学是怀着崇敬、敬畏的心理，他们能够从科学史料中（尤其从科学家的思想史）摄取科学的精神、探索前进的动力、获得学习的灵感。因此在设计探究方案时，教师要重视科学史知识的灵活运用，让学生在科学史料中、从杰出科学家的思想中获得探究学习的灵感和思维的方向。

3. 结合生活、生产实际进行探究

传统的课程目标是以学科为中心，忽视了课程和社会、生活的联系。而新课程改革的目标是将学生培养成为适应未来发展的高素质的社会公民。探究学习要求结合生活、生产实际进行学习，是实现新课程目标的重要学习方式。这样既能更快更好地学习、理解知识，又能理解生活、生产中蕴含的科学道理，运用所学的知识解决实际问题，让学生了解科学知识与日常生活、社会生产的意义，培养学生运用科学知识和技能对人的健康和安全等问题做出决策和评价的能力，激发学生的学习兴趣。

4. 利用调查访问法进行探究

探究学习在探究内容和方式上具有较强的开放性和综合性，仅仅在教室里不能有效地获得解决问题的方法。所以，在探究学习中，要重视调查访问，尤其是需要向一些有关方面的专家学者请教，才能获得重要的事实和数据。

5. 通过查阅文献资料进行探究

信息资料是人类智慧的结晶，是学生的重要学习资源。在探究学习中，许多知识是无法从课本中直接获得的，因此，通过查阅资料获取信息则是一个较为有效的途径。充分利用前人的科学探究成果，从文献资料中收集验证假设的证据，是高效、快捷地进行科学探究的途径之一。文献资料不仅是人类宝贵的文化遗产，也是人类继续学习的资源和基础。在探究学习中，学生可以充分利用这些宝贵资源，从中探寻服务于科学探究的事实和数据，这既可以使其得到某些有效证据，获得探究的线索或灵感，又可以节约探究的时间，使探究得以快速、深入地进行。文献资料既包括图书馆中的书籍、报纸、杂志等，也包括网上的各种信息和数据。

在应用这种方法进行探究时，教师需要为学生设计并提供一定的信息资源，提高查阅资料的效率。在互联网环境下进行的资料查阅，由于受传输速率的限制，势必影响探究者的获取速度。在基于校园网的情况下，教师可以事先将学生可能用到的信息资源下载到校园网的资源中心内，从而使学生直接从校园网资源库中查询所需的信息资源。

二、探究学习的内容选择

探究学习的课堂内容即探究内容，是探究学习目标的载体，是选择学习材料、安排教学环境和教学条件的依据。虽然探究学习具有接受学习所没有的优点，但是并非所有的内容都适合于探究。因此，探究内容的选择就显得尤为重要。

怎样来选择探究内容呢？笔者认为选择探究内容应以探究目标、学生学习的准备情况和学习特征为依据，不仅要注意科学性，还要注意个性化和社会化，即要与个人和社会的生活紧密结合。因此，对于高中语文来说，探究内容除了语文教科书上现成的内容外，还应选择一些社会生活问题以及学生自身发现的问题。

语文教科书是学科知识体系的精选，是教师和学生进行教学和学习的主要依据，具有较强的可操作性。如课程改革后的语文教科书就有很多内容适合于探究。

学生可以选择社会生活中的现象、问题进行探究。例如，处理生活垃圾是每户家庭每天都要面对的问题，为了方便省事，大部分家庭都是把所有垃圾放入垃圾袋中，然后扔进垃圾桶里，结果有些垃圾因不能自然降解造成了严重的环境污染。针对这一社会生活问题，教师就可以引导学生对“生活垃圾分类处理的必要性”进行探究。通过对这个问题的探究，可以增强学生的社会责任感，培养学生保护环境的意识。

学生在学习和生活中会有很多奇思妙想，教师应鼓励和引导学生就这些内容进行探究。

三、探究学习过程的组织

在探究学习中，虽然强调学生的主体地位，但基于学生自身知识、经验和能力的局限性，没有教师的参与指导和调控，学生很难取得好的学习效果。只有教师掌握良好的组织策略，安排好教学组织形式，不失时机地把握最佳时机，引导和调控课堂气氛，才能促进探究学习活动的顺利实施。

具体来说，探究学习过程的组织策略主要有以下四个方面。

（一）课堂纪律的保持

一个班级有几十名学生，既要学生自主探究，又要保持课堂良好的秩序，管理任务自然是相当繁重的。如果教师一人承担管理任务，教师的大部分精力就会耗费在纪律问题方面，就不会有充足的时间去帮助学生探究问题，也就无法保证语文教学任务按时完成。把教师从繁重的管理任务中解脱出来的一个有效途径就是适当下放管理权，动员全班学生参与纪律管理，师生共同制定一些管理条例，明确每一个学生的义务与职责，同学间互相管理，人人自我管理。美国心理学家马斯洛认为，人的一切行为都是由需要引起的，需要的最高层次是自我实现需要，其次是尊重需要。让学生参与管理、自己管理自己，学生就会有一种受到尊重、实现自我价值的感觉，学生会珍惜这种权利，也会更好地服从管理，从而使班级课堂教学"活而不乱"，让教师有更多的时间去帮助学生的学习，保证教学任务顺利完成。

(二)教学组织形式的安排

探究学习常常是合作式的活动，学生之间大多数以小组为单位进行探究学习活动。但在分组情况下，也会出现积极参加者、消极被动甚至偷懒者。为使每位学生都有充分参与的机会，首先，应控制小组的规模，小组的规模取决于学生的年龄、探究的条件及性质，在教学阶段，一般以3～4人为宜。其次，有计划地将小组成员编为A、B、C、D，在不同探究活动中承担的任务进行互换，如操作的、设计的、记录的、完成报告的等角色的互换。甚至经过一段时间后，小组的组成也可重新编排。另外，有些情况是可采用全班和个人单独活动形式的，例如：当学习对象或任务比较简单，个人经过努力后能独立完成时，就应该采用个人单独进行的形式；在活动最后总结经验时，就要采用全班讨论的形式。因此，教师要根据学习任务的性质以及学习进程设计教学组织形式。

(三)探究时间的安排

在教学实践中，教学时间决定了教学的结构安排、内容选择和目标确定，从这一角度讲，控制和改变教学时间在一定程度上就意味着控制和改变教学活动。在课堂探究活动中，由于时间的限制，教师必须精心估计和设计各探究环节的时间，使探究活动顺利完成。

因此，教师在设计探究学习时，要对具体的探究过程做到心中有数，做到能够比较精确地预估每个步骤所需的时间，把握好整体时间的分配，使整个探究活动的节奏加快，转换自然，避免无谓的时间遗失。首先，教师要对学生的探究知识和技能的准备情况进行充分的了解，对学生每个步骤中可能做出的反应都要估计到；其次，教师要对探究活动所需的学习材料、实验器材进行精心的设计和准备，使探究活动能够按照预定的节奏进行下去。

(四)合作与竞争的组织

探究学习一般是以小组形式来进行的，在探究过程中可以培养学生的合作意识和能力。学生之间由于年龄特征、心理发展水平和认知风格等相近，在相互合作中会有一种心理安全感，会显得更加自由、畅所欲言，最容易焕发思维，激发创新意识。但是，在学生的合作过程中，不能只培养学生的合作能力，也要培养他们的竞争意识和能力。在适当时机，个体活动与竞争能够有利于合作学习。而且，在现实社会生活中，竞争无处不在。所以，在探究学习中，教师要为学生创设合作交流，自由竞争的氛围，不仅要进行合作策略的设计，还要进行竞争策略的设计。

合作和竞争的组织，一是根据学生的特点和学习内容合理分组和分工；二是讨论的策略设计。教师组织小组交流讨论时，应注意做好五个方面的工作：一是做好导论性发言，讲清讨论的意义和目的，树立合作意识，互帮互学，取他人之所长；二是讨论中教师要及时热情地对发言者表示鼓励，适时地以简短的讨论来肯定和督促学生畅所欲言，各抒己见；三是当学生遇到困难时，及时予以点拨，使讨论得以顺利进行；四是出现冷场、跑题或无谓地纠缠于细枝末节而影响讨论时，教师应及时提醒，引导学生把注意力转移到正题上来；五是讨论结束时，小组组长要认真做好小组总结，记录悬而未决的问题，以供在教师指导下通过组际竞争解决，形成“组内成员合作，组际成员竞争”的良好局面和氛围。

参考文献

[1]安娜.高中语文教学方法的思考[J].中国校外教育,2018(34):111.
[2]包翠萍.新课改下高中语文教学方法初探[J].新一代(理论版),2016(13):146.
[3]鲍霞.高中语文教学方法的几点探究[J].人生十六七,2016(29):38.
[4]陈小强.通过群文阅读探究高中语文教学方法[J].新课程,2020(7):118.
[5]陈燕.高中语文阅读与写作教学的方法[M].长春:吉林文史出版社,2019.
[6]程志伟.多维度高中语文教学方法探索[M].长春:吉林人民出版社,2022.
[7]董雪.新课改下高中语文教学方法初探[J].教学管理与教育研究,2017(5):74—75.
[8]段红刚.高中语文教学方法与有效教学[M].沈阳:辽宁大学出版社,2018.
[9]冯利琴.关于高中语文教学方法的探讨[J].作文成功之路(下),2015(1):34.
[10]顾小兰.农村留守学生视角下的高中语文教学方法分析[J].中华活页文选(教师版),2022(19):72—74.
[11]冀永峰.高中语文教学方法创新与审美思维培养[M].延吉:延边大学出版社,2020.
[12]景丽丽.高中语文教学方法浅议[J].新课程(下),2016(12):54.
[13]康术智.高中语文教学方法研究与实践应用[M].长春:吉林人民出版社,2018.

[14]孔祥飞.新媒体环境下高中语文的教学研究[J].信息记录材料,2018(11):161—162.

[15]李彩英.高中语文教学方法多样化研究[J].考试周刊,2015(94):16.

[16]李丹.浅谈新课程改革下高中语文教学方法[J].科教导刊(电子版),2018(19):152.

[17]廖显萍.浅谈高中语文的教学方法[J].科学咨询,2019(35):38.

[18]刘彩霞.刍议新课标背景下的高中语文教学方法[J].课外语文,2021(21):97—98.

[19]刘德永.新形势下高中语文教学方法的改革与创新[J].爱情婚姻家庭,2022(22):88—89.

[20]刘劲凤.基于大观念的高中语文整本书阅读教学的思考和实践[M].北京:中国文联出版社,2022.

[21]刘炼石.高中语文教学方法探究[J].语数外学习(高中版),2012(7):1.

[22]刘明凤.浅论高中语文教学方法[J].散文百家,2018(3):102.

[23]刘树江,王家涛,刘子铭.浅谈微课在高中语文诗歌鉴赏教学中的运用[J].科技资讯,2019(28):147—149.

[24]刘树生.浅谈高中语文教学方法[J].当代教育实践与教学研究(电子刊),2015(12):62.

[25]刘祥.高中语文新课创意解读与教学设计[M].上海:华东师范大学出版社,2022.

[26]刘一凡.中学生语文学科素养培养与体系构建[J].北京师范大学学报(教育科学版),2019(1):56—58.

[27]罗丽娅.高校研究型教学理论与方法[M].长春:吉林出版集团股份有限公司,2020.

[28]麻世福,李多才.农村普通高中语文教学方法探究[J].甘肃教育,2019(4):95.

[29]马一鸣.高中语文个性化阅读教学实践研究[M].北京:中国广播影

视出版社,2023.
[30]马云凤.浅谈高中语文教学方法[J].科学咨询,2020(21):87.
[31]莫燕兰.网络环境下中学语文教学中的文化渗透[J].西部素质教育,2019(14):117-118.
[32]聂连.如何创新高中语文教学方法[J].科学咨询,2019(39):179.
[33]聂群."通关"高中语文的教学方法[J].课外语文,2018(36):64.
[34]牛斯山.高中语文教学方法初探[J].考试周刊,2013(55):30.
[35]牛银.高中语文教学方法的反思和实践[J].中学语文,2017(15):101-102.
[36]潘怀举.刍议高中语文教学方法[J].散文百家,2018(6):93.
[37]彭小波.高中语文与生活化教学[M].北京:现代出版社,2022.
[38]秦娇风.构建新时代的高中语文高效课堂[J].中国新通信,2019(19):208.
[39]邱运来.高中语文教学方法优化策略探析[J].中学教学参考,2015(30):8.
[40]邵鑫雅,岳好,邓安然,等.近年来有关聋人自主学习能力的研究[J].科技视界,2017(30):7-9.
[41]孙晓东.浅谈高中语文教学方法[J].新课程(中),2016(1):157.
[42]王传良.微课教学对高中语文教学方法创新的影响[J].学苑教育,2017(7):43.
[43]王海芳.浅谈高中语文教学方法改进的实践与探究[J].新课程(下),2017(10):44.
[44]王建强.试论新课改下高中语文教学的方法[J].新课程(下),2019(5):30.
[45]王进.基于新课程标准的高中语文教学研究[M].武汉:华中科技大学出版社,2021.
[46]王祥.新课标下高中语文教学方法探究[J].课外语文,2021(33):89-91.
[47]王媛.新课标高中语文教学方法与研究[M].北京:九州出版社,2020.

[48]王志超.刍议新课改下的高中语文教学方法[J].新课程(中学),2013(5):64.

[49]吴雪.新课程标准、新教材视域下高中语文教学方法探究[J].学苑教育,2023(26):34—36.

[50]辛继湘.课堂教学管理策略[M].北京:北京师范大学出版社,2010.

[51]许晨曦.高中语文教学方法创新策略[J].语文天地,2017(13):92—93.

[52]许国栋.论新课改下创新高中语文教学方法[J].新教育时代电子杂志(教师版),2020(19):117.

[53]杨晓燕.高中语文教学方法之所“为”[J].考试周刊,2013(78):20—21.

[54]杨雪梅.浅析高中语文教学方法[J].语数外学习(高中版),2013(22):3.

[55]伊婷婷,姜俊微,张玉娇.高中语文教学方法创新研究[J].新课程(中学),2017(8):133.

[56]扎西东知.高中语文教学方法的有效性探析[J].课外语文,2021(10):87—88.

[57]张健稳.论制约大学生外语自主学习能力发展的心理因素[J].中国健康心理学杂志,2010(5):635—638.

[58]张宁建.核心素养与高中语文教学实践[M].福州:海峡文艺出版社,2023.

[59]张丕友.高中语文教育教学的实践与反思[M].长春:吉林教育出版社,2022.

[60]张齐.刍议新课标背景下的高中语文教学方法[J].考试周刊,2020(61):61—62.

[61]张忠良.高中语文教学方法的反思和实践[J].中学课程辅导(教学研究),2020(2):169.

[62]赵红萍.新课标下高中语文教学方法探究[J].中文信息,2019(2):130.

[63]赵晶晶.浅谈高中语文教学方法[J].读书文摘(中),2020(5):68.

[64]赵梅艳.多媒体技术在高中语文外国文学作品阅读教学中的应用[J].读与写(教育教学刊),2019(12):96.

[65]赵明浩.职业高中语文教学方法初探[J].当代教育实践与教学研究,2015(3):183.

[66]郑朝富.活力课堂,激情教学——浅谈高中语文教学方法[J].海外文摘·学术版,2017(8):50—52.

[67]郑建伟.高中语文教学方法探讨[J].学周刊,2016(33):99—100.

[68]郑孟秋.高中语文教学方法思考[J].课外语文,2017(27):42.

[69]周国伟.读写结合模式下的高中语文教学方法探析[J].语文天地,2019(28):3—4.

[70]朱小红.高中语文教学中微课的有效应用[J].西部素质教育,2019(18):108—109.

[71]朱云.高中语文教学方法的创新研究[J].课外语文,2016(10):94.

[72]左鹏飞.新课改背景下高中语文教学方法优化研究[J].考试周刊,2017(51):76.

